STRESS ET COPING

Les stratégies d'ajustement à l'adversité

ISABELLE PAULHAN
et
MARC BOURGEOIS

Deuxième édition
7ᵉ mille

puf

PSYCHIATRIE OUVERTE

SÉRIE « NODULES »

COLLECTION DIRIGÉE PAR YVES PÉLICIER
ET DANIEL WIDLÖCHER

ISABELLE PAULHAN

est morte alors que s'achevait cet ouvrage.
Elle restera pour ses nombreux amis
l'image de la jeunesse et de la joie de vivre,
et l'exemple de la force d'âme
dans la maladie et les épreuves.

ISBN 978-2-13-046834-9
ISSN 0291-3119

Dépôt légal – 1re édition : 1995
Réimpression de la 2e édition : 2008, octobre
3e tirage : 2015, avril

SOMMAIRE

Introduction

En 1966, Charles Lazarus publia un livre dont le titre : *Psychological stress and the coping process* (*Le stress psychologique et les processus de « coping »*) correspond à celui que nous avons choisi pour ce petit ouvrage. C'était le début des recherches et des publications sur le rôle des processus cognitifs et comportementaux qui modèrent l'effet du stress sur l'individu. En 1991, Lazarus développa sa théorie « Cognitive-Motivationnelle-Relationnelle », dans le livre *Emotion et adaptation* qu'il présente en quelque sorte comme son testament scientifique. En 25 ans, un nombre considérable de travaux, essentiellement anglo-saxons, ont été consacrés au stress et au coping. Il s'agit là du stress psychologique, extension et généralisation intégrative (biopsychosociale) du modèle biomédical développé depuis le début du siècle par les médecins et les expérimentalistes, en particulier Cannon (l'homéostasie), et Selye. Ce dernier a décrit avec le « syndrome général d'adaptation » une réaction non spécifique de l'organisme à toute agression venant menacer son équilibre ou sa survie. Si actuellement les physiologistes ont recentré leur intérêt sur les réactions spécifiques, les psychologues ont conservé ce modèle de réaction globale adaptative et ont développé un modèle interactionniste incluant aussi bien les aspects physiques et biologiques que psychosociaux. A cette expérience du stress (agent stresseur-réaction de l'organisme) correspond le *coping*.

Qu'est-ce que le stress ? L'incertitude, l'événement attendu qui ne se produit pas, les événements inattendus, l'anticipation de l'incapacité de faire face à une situation imminente, les circonstances déplaisantes ou les catastrophes brutales, les situations pénibles ou douloureuses durables, voilà autant de facteurs qui semblent susciter émotions et stress.

Soulignons d'emblée combien cette notion toute aussi « naïve » que scientifique aujourd'hui, est ambiguë et utilisée dans des sens différents selon les auteurs : cause pour les uns, effet ou réponse pour les autres ; certains travaux privilégient nettement le stress psychique, alors que d'autres se limitent à une approche physiologique. Après quelques vaines tentatives de compréhension menées par la psychopathologie et la psychosomatique, les nouvelles approches semblent avoir permis un progrès véritable dans l'explication de la relation stress-détresse. En effet, actuellement, le stress est considéré comme une transaction entre l'individu et l'environnement. Ces points de vue correspondent à un changement fondamental dans la conception du stress. Aux modèles antérieurs qui étaient « linéaires », se substitue un modèle multidimensionnel et interactionniste qui privilégie le rôle des interactions entre les facteurs affectifs, cognitifs, sociaux et physiologiques dans l'impact d'un événement stressant sur l'organisme.

Ainsi, la réaction de stress ne semble pas linéairement dépendante de la gravité objective du stresseur mais, peut être atténuée ou amplifiée par diverses variables psychologiques antérieures (les antécédents psychiques, les traits de personnalité, etc.), ainsi que par des processus psychologiques actuels (stratégies cognitives et comportementales d'ajustement au stress). Ces variables sont considérées aujourd'hui comme les médiateurs essentiels de la relation stress-détresse.

Cette façon d'aborder les troubles émotionnels consécutifs à un événement stressant, en faisant référence à un modèle multifactoriel et interactif, permet de décrire et d'expliquer les différences interindividuelles dans l'ajustement à divers événements de vie et situations de stress. Ainsi, en proposant un modèle biopsychosocial intégré (à l'opposé des modèles biomédical ou psychosomatique, linéaires et réducteurs), la complexité des relations entre le cerveau et le corps, et entre le psychologique et le physiologique, ne peut plus être ignorée.

Les médecins connaissent depuis longtemps le modèle biomédical du stress et les théories de Cannon, Selye et leurs successeurs. Par contre, ils méconnaissent encore les concepts, les termes et les outils méthodologiques utilisés actuellement par les psychologues dans ce domaine, au premier rang desquels celui de *coping*, qu'il convient de distinguer des *mécanismes de défense*, et de la simple notion d'adaptation. L'étymologie supposée de *to cope* (affronter, faire face, venir à bout, s'en tirer, etc.), mot de la langue courante en anglais, le fait venir du vieux français : coup, couper (frapper), et au-delà, du latin *colpus, colaphus*, et du grec *kolaphos* : frapper de façon vive et répétitive, en particulier avec la main. Cela souligne l'aspect actif et même combatif du concept de *coping*. Il a été traduit, approximativement, par *Stratégies d'ajustement*. Mais ce terme implique un affrontement actif (faire face) et conscient des situations, contrairement à ce qui se passe dans l'adaptation. Nous avons donc pensé préférable de conserver le mot *coping*, difficilement traduisible et qui, populaire en langue anglaise, a l'avantage d'être purement technique en français.

1 *Historique du concept de stress*

Stress est un mot populaire, d'usage courant outre-Manche et outre-Atlantique. Comme son doublet *distress* (détresse), il vient du latin (*stringere = tendre*), via le vieux français et le moyen anglais. Il était utilisé au XVIIe siècle par les anglais pour signifier : malheur, difficultés, adversité, affliction (*hardship, strain, adversity, affliction*). Ensuite, les théoriciens de la physique et de l'ingénierie ont pris ce terme pour l'appliquer à l'étude des gaz (Boyle) et de l'élasticité des ressorts (Hooke). Au XIXe siècle, le Baron Cauchy employait ce concept dans la physique des corps solides (stress = force intérieure produite dans un corps par toute force qui tend à déformer ce corps) :

$$\textit{Stress} \text{ (mesuré en dynes/cm}^2\text{)} = \frac{\text{Force interne}}{\text{surface}}$$

Dans la loi de Hooke : Load = Stress = E (strain). E = module d'élasticité de Young. Cela suppose des corps entièrement homogènes, en particulier pour les corps solides. C'est donc par un emploi métaphorique que la notion de stress sera appliquée par les médecins.

En médecine, on trouve le mot employé en 1910 par Osler dans ses *Lumleian lectures* pour expliquer la fréquence de l'angor pectoris dans la communauté juive, par l'intensité de la vie, le travail forcené amenant *stress and strain... hard work and worry...*

On doit à Cannon le concept d'homéostasie qui complète la notion de milieu intérieur de Claude Bernard. Dès 1914, il développe sa théorie en utilisant le concept de stress comme réaction physiologique liée aux émotions. En 1928, il étend cette réaction à toutes les agressions mettant en jeu le système neurovégétatif. Rappelons qu'il est à l'origine du modèle de réaction comportementale au stress : *fight or flight* (1915). Il faut citer ici Reilly, qui en 1934 en France décrit un « syndrome d'irritation », réaction non spécifique du système nerveux autonome aux agressions. Dans ce même pays, « l'Agressologie » est devenue une spécialité illustrée, entre autres, par Laborit, Huguenard et les anesthésistes réanimateurs. On leur doit la découverte des antihistaminiques et des neuroplégiques, dont les phénothiazines, la chlorpromazine en tête, qui allait ouvrir l'ère moderne de la psychopharmacologie.

I
LE SYNDROME GÉNÉRAL D'ADAPTATION
(Selye)

Le père de la conception moderne et scientifique du stress est Hans Selye, qui depuis ses premières publications (« Un syndrome produit par divers agents nocifs », *Nature*, 1936), a produit 38 livres et plus de 1700 articles. En 1982, dans un de ses derniers écrits, un chapitre du *Handbook of Stress* de Goldberger et Breznitz (repris dans l'édition amplifiée de 1993), il définissait le stress comme le « résultat non spécifique (c'est-à-dire commun) de toute demande imposée au corps que l'effet soit mental ou somatique ».

Après avoir rappelé l'importance de Claude Bernard (1879 : « la fixité du milieu intérieur est la condition d'une vie libre et indépendante ») et Cannon (1939 : l'homéostasie), Selye raconte que, dès ses premières années de médecine, il était intrigué par la réponse stéréotypée que représente le « syndrome d'être simplement malade », les maladies les plus diverses causant des symptômes similaires : perte de poids, d'appétit, de force musculaire et d'activité. Ce problème général du « comportement de maladie », a été repris récemment par Dantzer.

Les premières expériences de Selye, à l'université Mac Gill (Montréal), consistaient à injecter des ovaires de bétail à des rats (à la recherche de nouvelles hormones ovariennes). Trois types de changement furent constatés : 1 / la corticale des glandes surrénales étaient hypertrophiée et hyperactive ; 2 / les organes lymphatiques (thymus, rate, ganglions, etc...) étaient atrophiés ; et 3 / des ulcères gastro-duodénaux apparaissaient. Il s'avéra que ces altérations étaient produites de façon stéréotypée par toutes sortes de substances toxiques aussi bien que par le froid, la chaleur, les infections, les traumatismes, les hémorragies, les irritations nerveuses, et qu'elles représentaient des signes constants et invariables de l'atteinte d'un corps soumis à l'attaque de n'importe quel type de maladie. Ces changements étaient donc des *indices objectifs de stress*. Ultérieurement, on leur donna le nom de « syndrome général d'adaptation (SGA) » ou « syndrome biologique du stress » (le terme stress n'est pas employé par Selye dans ses premières publications ; il apparaîtra ultérieurement).

Les trois phases du Syndrome général d'adaptation

Par la suite Selye décrivit trois stades dans l'évolution du SGA :

1 / *la réaction d'alarme* correspondant au phénomène décrit ci-dessus ;

2 / *la phase de résistance* : si l'animal ne meurt pas au cours de la première phase, il y a adaptation physiologique avec d'autres manifestations corporelles, souvent inverses de celles observées dans la réaction d'alarme ;

3 / *la phase d'épuisement* : si l'agression persiste en durée et en intensité, l'organisme perd ses ressources adaptatives et finit par mourir.

Selye fait ici deux analogies. D'abord : la machine humaine, comme toute machine inanimée, finit par se détraquer à l'usage. D'autre part, il compare les trois stades à l'ensemble de la vie humaine et ses trois étapes : l'enfance caractérisée par sa faible résistance et son hyperréactivité à toute sorte de stimulus ; l'âge adulte avec un corps qui a appris à résister ; et la vieillesse avec la perte progressive des facultés d'adaptation et son épuisement final.

Pour Selye, le sommeil et le repos ne permettent pas une restauration vraiment complète de la résistance et de l'adaptabilité après des expériences stressantes et épuisantes : « toute activité biologique cause usure et destruction, elle laisse des cicatrices chimiques irréversibles qui vont s'accumuler pour constituer les signes du vieillissement ». « Ainsi, l'adaptabilité devrait être employée avec sagesse et parcimonie plutôt que gaspillée. »

Les stresseurs

Les agents ou les exigences qui déterminent le type de réponse sus-décrite (le stress proprement dit), ont tout naturellement été appelés stresseurs : « Les stresseurs ne sont pas exclusivement physiques dans leur nature. Les émotions – amour, haine, joie, colère, compétition et peur – aussi bien que les pensées induisent aussi les changements caractéristiques du syndrome de stress. En fait, l'éveil psychologique est un des activateurs les plus fréquents. Cependant, il ne peut pas être considéré comme le seul facteur, puisque les réactions typiques du stress peuvent survenir chez des patients soumis à traumatisme, hémorragie, etc. alors qu'ils sont en anesthésie profonde. Les agents anesthésiques eux-mêmes sont couramment utilisés en médecine expérimentale pour produire un stress, et le stress de l'anesthésie est un problème sérieux en chirurgie clinique (1982). » En réalité (et Selye ne le dit pas), il semble que l'essentiel du « choc opératoire » réside dans la douleur, qui persiste malgré la perte de conscience et que le problème majeur soit désormais l'analgésie.

II
LE STRESS ET LES MALADIES

Au cours de notre vie nous faisons l'expérience des deux premiers stades du syndrome général d'adaptation « très, très souvent », condition de l'adaptation à toutes les activités et exigences de l'existence. Selye cite comme « maladies du stress » ou « maladies d'adaptation » les plus fréquentes et les plus caractérisées, les ulcères peptiques gastro-intestinaux, l'hypertension artérielle, les accidents cardiaques et les troubles nerveux. Tout en précisant qu'il n'y a pas de maladie qui soit totalement due à ce trouble de l'adaptation. Inversement, il intervient plus ou moins dans la grande majorité des maladies.

Vers la fin de sa carrière, Selye (1974) proposa de distinguer deux types de stress, dans son livre *Stress without distress* : 1/*eustress* (non délétère et même plutôt adaptatif) ; 2/*distress* (préjudiciable).

A la suite de Selye, de nombreux auteurs ont basé leurs travaux sur ce modèle. On pourra se reporter aux synthèses de Dantzer (1988, 1989, etc.). Pour ce qui suit (la Physiologie en particulier), nous résumerons l'article de Chrousos et Gold, du NIMH, paru dans le Jama (1992) et qui représente actuellement la synthèse de référence.

Dans les années 40 et 50, Harold G. Wolff étudie des maladies liées au « Stress de la vie » (*Stress and disease*, 1953), sans donner de définition précise du stress. « Les créatures vivantes sont toujours plus ou moins en état de stress » répond à la formule de Selye : «le stress c'est la vie» (cf. le livre de Pierre et Henri Loo, *Le stress permanent* chez Masson).

On trouvera ailleurs *la critique de L. E. Hinckle* qui a montré les difficultés que comporte la notion de stress :

– l'usage du mot « stress » correspond le plus souvent à une métaphore ;

– on confond souvent stress et agents ou facteurs de stress (stressors) ;

– les efforts pour mesurer le stress se sont révélés « futiles » ;

– les auteurs sont incapables de définir et de mesurer un état de stress chez les organismes vivants (beaucoup plus complexes et hétérogènes que les gaz et les corps solides étudiés par les physiciens employant les notions de stress, load, strain) ;

– on ne mesure en réalité que des événements et des situations extérieures de l'environnement social (plus accessoirement physique), non des événements internes ;

– l'intérêt, comme la recherche, s'est donc déplacé sur les événements vitaux, concept non moins ambigu ;

– « l'invocation de l'état de stress comme explication de la pathogénèse ne s'est pas avérée pertinente » (Hinckle) ;

– il est très difficile de savoir si un événement ou situation est plus *stressfull*, nocif ou pathogène qu'un autre. Hinckle conteste même que l'on puisse affirmer que le décès d'un conjoint est plus *stressfull* qu'un PV (contravention) ! Il faut toujours spécifier la population ou les individus, leurs caractéristiques, pour rendre compte de leurs réactions au changement de l'environnement : « jamais une situation sociale ou une relation interpersonnelle ne peut à elle seule être pathogène. »

Les travaux récents issus essentiellement des conceptions de Lazarus répondent en partie à ces critiques.

2 *Physiologie du stress selon Chrousos et Gold, 1992*

Les perspectives des auteurs sont larges, puisque leur article commence avec un rappel sur la « philosophie du stress » remontant à Heraclite, Empédocle, Hippocrate, Epicure (*L'ataraxie*), avant d'aborder les classiques : Sydenham, Claude Bernard, Cannon, Selye, etc.

Le stress est défini comme : « un état de dysharmonie, ou de menace à l'homéostasie. » « Les réponses adaptatives peuvent être spécifiques du stresseur ou généralisées et non spécifiques. »

Les stresseurs physiques ou émotionnels mettent en branle des réponses centrales et périphériques destinées à rétablir l'homéostasie (cf. tableau ci-après).

Au niveau central, il y a facilitation des circuits en charge de l'éveil, de la vigilance, de l'état d'alerte, de la cognition, de l'attention focalisée et de la préparation à l'agression, avec par ailleurs, inhibition des fonctions végétatives telles que l'alimentation et la sexualité (reproduction). Au niveau périphérique, les changements ont pour but essentiel une redistribution de l'énergie. L'oxygène et les « nutriments » sont dirigés vers le système nerveux central et les parties du corps soumises au stress. Au plan cardio-respiratoire : élévation de la tension artérielle, du rythme cardiaque, du rythme respiratoire. Par ailleurs, accroissement de la néoglucogénèse, de la lipolyse, apportant des ressources métaboliques accrues ; et restriction de la physiologie de croissance et de reproduction (économie d'énergie). Il s'agit de répondre rapidement aux stimuli appropriés et d'éviter une réponse excessive dans cette régulation, faute de quoi ces réponses perdent leur qualité adaptative et deviennent pathologiques (cf. *infra*). Actuellement, on tend à opposer les structures « cablées » de la transmission neuronale dont les réactions sont de l'ordre de la seconde, et le cerveau hormonal ou « liquide », dont les réactions plus lentes se mesurent en minutes et en heures.

ADAPTATION COMPORTEMENTALE ET PHYSIQUE PENDANT LE STRESS

Adaptation comportementale

- Réorientation adaptative du comportement
- Facilitation aiguë des circuits neuronaux adaptatifs (et inhibition des non-adaptatifs)
- Accroissement de l'éveil, état d'alerte
- Accroissement : cognition, vigilance et attention focalisée
- Suppression du comportement alimentaire
- Suppression du comportement reproducteur
- Limitation de la réponse de stress

Adaptation physique

- Réorientation adaptative de l'énergie
- Oxygène et nutriment → SNC et zones corporelles stressée
- Modifications cardio-vasculaires, hausse de tension artérielle et du rythme cardiaque
- Augmentation du rythme respiratoire
- Augmentation de la néoglucogénèse et de la lipolyse
- Détoxification des produits toxiques
- Inhibition des systèmes de croissance et de reproduction
- Limitation de la réponse de stress
- Limitation de la réponse inflammatoire et immune

La réponse générale d'adaptation est indispensable à la survie de l'individu. On considère actuellement qu'elle dépend d'un système particulier (le « système de stress »), développé au cours de l'évolution animale. Les deux composants essentiels de ce système sont représentés par :

1/ le système CRH et l'Axe hypothalamo-hypophyso-surrénalien (HHS);

2/ le système Locus cæreleus-noradrénaline (LC-NA), et le système nerveux sympathique autonome.

Le système CRH est diffus dans le cerveau, mais c'est dans le *noyau paraventriculaire de l'hypothalamus* qu'il est le mieux caractérisé. L'administration intraventriculaire de CRH déclenche des réponses physiologiques et comportementales adaptatives, avec activation de l'Axe HHS (HPA des américains) et du système sympathique. On observe alors une augmentation du glucose, une élévation du pouls et de la tension; ainsi qu'un comportement d'éveil, de prudence et d'immobilisation vigilante. A plus larges doses, le CRH est anxiogène avec réponse excessive aux stimuli sensoriels, figement et disparition de l'exploration du milieu, réponses de peur, etc.

Le système sympathique noradrénergique – avec le Locus cæruleus (LC), son point nodal – est localisé dans le tronc cérébral. L'activation du système LC-NA libère la noradrénaline dans un réseau neuronal du cerveau extraordinairement dense. Il en résulte un hyperéveil. Cette vigilance accrue s'accompagne d'une augmentation de l'anxiété. Les effecteurs périphériques des nerfs sympathiques et des surrénales contribuent à l'adaptation à la situation stressante. Le système parasympathique, par ses effets opposés, peut contrebalancer une réaction sympathique excessive.

Dans le schéma ci-après, Chrousos et Gold (1992) tentent de synthétiser les nombreuses interactions du système de stress. Un exemple : l'application de CRH au niveau des neurones LC augmente considérablement l'activité de ces neurones. Inversement, la NA est un stimulus puissant pour le largage de CRH. Les antagonistes CRH diminuent les réponses du LC; le blocage beta-adrénergique va atténuer l'éveil produit par le CRH administré au niveau central. Le noyau paraventriculaire latéral (PVN) envoie des projections de neurones sécrétant la CRH vers les systèmes d'éveil et les systèmes sympathiques dans le mésencéphale. Inversement, des fibres ascendantes NA venant du système LC-NA montent vers le PVN de l'hypothalamus.

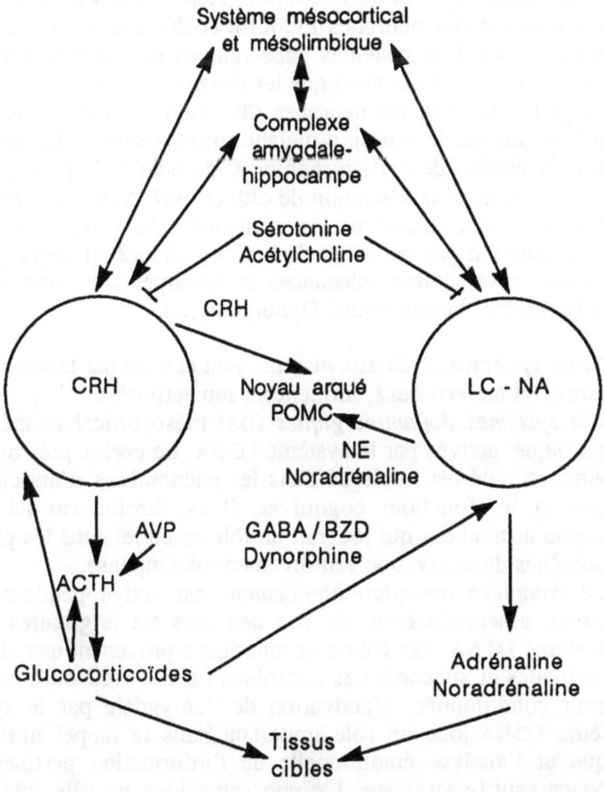

« Le système du stress », selon Chrousos et Gold (1992), *Représentation simplifiée et heuristique de ses composantes centrales et périphériques avec leurs interactions fonctionnelles.*

Les neurones à CRH du noyau paraventriculaire et ceux des centres de l'éveil et des systèmes végétatifs autonomes du tronc cérébral (locus-cæruleus-NA) représentent les centres essentiels du système. POMC = pro-opio-mélanocortine ; LC-NA = locus-cæruleus, système symptatique, noradrénaline ; AVP = arginine vasoprasine ; BZD = benzodiazépine ; ACTH = corticotrophine.

Sérotonine (5HT) et acétylcholine (Ach) paraissent jouer un rôle excitateur des neurones PVN/CHR et des systèmes sympathiques LC-NA. Les systèmes gabaergiques et opioïdes ont un effet inverse inhibiteur, ainsi que les glucocorticoïdes.

A partir du PVN, les neurones CRH montent vers le noyau arqué produisant la pro-opio-mélanocortine (POMC); ils induisent la libération de corticotrophine et de beta-endorphine, qui en retour inhibent la libération de CRH et PVN. Ainsi, le CRH du noyau paraventriculaire et les systèmes LC-NA répondent à l'autorégulation par la CRH et l'inhibition alpha2-adrénergique. De nombreuses autres substances et neuropeptides interviennent (Arginine, Vasopressine, Dynorphine...).

Trois systèmes cérébraux majeurs sont activés par le système de stress (et en *feed-back*, influencent son activité):

1/ *Les systèmes dopaminergiques* (DA) mésocortical et mésolimbique, activés par le système LC-NA. Le cortex préfrontal ainsi stimulé est impliqué dans les phénomènes d'anticipation et les fonctions cognitives. Il est étroitement lié au noyau accumbens qui jouerait un rôle essentiel dans les phénomènes de motivation-renforcement-récompense.

2/ *Le complexe amygdale-hippocampe* est activé pendant le stress, essentiellement par des neurones NA originaires du système LC-NA. Les éléments mnésiques provenant des aires corticales et subcorticales contribuent à cet éveil ou à cette peur conditionnée. L'activation de l'amygdale par le système LC-NA joue un rôle important dans le rappel mnésique et l'analyse émotionnelle de l'information pertinente concernant le stresseur. L'hippocampe joue un rôle inhibiteur majeur de l'activité de l'amygdale et du système PNV/CRH.

3/ L'activation des *neurones CRH du noyau paraventriculaire* entraîne l'activation du *noyau arqué produisant la POMC*, les neurones du noyau arqué projetant eux-mêmes vers le PVN et d'autres aires cérébrales, à l'origine de la contrerégulation des neurones CRH et du système LC-NA. Ainsi est induite l'analgésie du stress par les opioïdes, et peut-être aussi l'ambiance émotionnelle de l'expérience.

Par ailleurs, pendant le stress, *le système reproducteur est inhibé*. Il y a suppression de la production de LH par le noyau arqué. Les gluco-corticoïdes inhibent le niveau de production de LH, les gonadotrophines hypophysaires; enfin, il y a résistance de la gonade elle-même aux hormones.

– *Inhibition du « système de croissance » :* La « growth hormone » (GH), élevée au début, tend à être supprimée. Inhibition de la somatomédine C et des autres facteurs de croissance. Stimulation de la sécrétion de la somatostatine par le CRH, avec pour résultat l'inhibition de la GH. Par ailleurs, effet direct des glucocorticoïdes sur la GH.

Diminution de la TSH et inhibition de la conversion de la thyroxine inactive en tri-iodothyronine dans les tissus périphériques.

– Le stress inhibe de façon importante *les phénomènes inflammatoires et immunologiques*.

TROUBLES ASSOCIES A UNE DYSREGULATION
DU SYSTEME DE STRESS (S.S.)

Augmentation d'activité du S.S.	*Diminution d'activité du S.S.*
- Maladie chronique sévère	- Dépression atypique
- Anorexie nerveuse	- Syndrome de Cushing
- Dépression mélancolique	- Dépression saisonnière
- Trouble panique	- Syndrome de fatigue chronique
- Trouble obsessionnel-compulsif	- Hypothyroïdie
- Alcoolisme chronique	- Obésité (forme hyposérotoninergique)
- Syndrome de sevrages	- Stress post-traumatique
- Exercice chronique excessif	- Sevrage nicotinique
- Malnutrition	- Vulnérabilité à la maladie inflammatoire (rat Lewis)
- Hyperthyroïdie	
- Syndrome de tension prémenstruelle	
- Vulnérabilité aux addictions (rats)	

Ces travaux physiologiques sont d'un intérêt fondamental car ils ont été les premiers à démontrer qu'une émotion n'est pas un phénomène limité à la sphère psychique, mais qu'elle a des répercussions sur le corps et entraîne des modifications organiques au travers du système nerveux autonome et du système neuroendocrinien. En outre, d'après ce modèle le stress serait impliqué dans l'étiologie de divers troubles organiques : ulcères, troubles cardiaques, hypertension... Toutefois, ce modèle biologique reste « linéaire » (et aussi réducteur que les interprétations psychogénétiques et certains modèles psychodynamiques) ; l'idée dominante reste souvent le schéma stimulus-réponse (l'organisme réagissant à un stimulus donné en fonction des caractéristiques de ce stimulus), ne permettant pas d'éclaircir les raisons de la relation stress-maladie ; aussi, a-t-il été vite délaissé lorsque l'on s'est aperçu que les réactions hormonales de l'individu au stress n'étaient pas purement réflexes, mais qu'elles variaient en fonction du type d'événement stressant (stresseur), de l'état des sujets et de l'excitation induite.

3 Du stress à l'émotion

Les choses ont commencé à changer quand on a enfin tenu compte des relations existant entre le stress physiologique et la vie psychique. Les neuroendocrinologistes des années 70 se sont en effet aperçus que les réactions hormonales ne sont pas purement réflexes, mais qu'elles dépendent de la situation des sujets et de leur état d'excitation. Chez un individu conscient, un événement ne provoque une réponse de stress seulement parce qu'il survient de façon soudaine et inattendue ; la réaction de stress est d'autant plus intense que l'émotion engendrée par cet événement est plus forte (Dantzer, 1989b).

Substituer le terme de stress à celui d'émotion présente l'avantage de réconcilier les conceptions physiologiques du stress avec les conceptions psychologiques. Le stress a été alors progressivement envisagé comme un processus mental ayant des composantes affectives, cognitives, sensori-motrices, viscérales et endocriniennes, en interaction les unes avec les autres. Ainsi, selon Dantzer (1989a, p. 283), « l'émotion n'est pas plus un sentiment d'avoir peur que la montée des concentrations plasmatiques d'adrénaline... Celui qui prétend expliquer comment un individu se comporte en s'attachant uniquement à décrire son psychisme est tout autant dans l'erreur que celui qui prétend qu'il suffit de mesurer son rythme cardiaque ou le taux de ses hormones ».

De nombreuses méthodes ont été conçues pour évaluer objectivement ce retentissement émotionnel par la fréquence, la durée, l'intensité, la gravité des stresseurs (Martin, 1989 ; Quintard, 1994). Ces méthodes vont être présentées maintenant.

I

LE STRESS OBJECTIF ET SA MESURE

L'échelle d'événements récents (SRE ou Schedule of Recent Experiences) de Holmes et Rahe (1967)

L'hypothèse de base était que le stress résulte de l'accumulation de changements majeurs imposant une adaptation. De tels changements peuvent être indésirables (mort du conjoint) ou désirable (réussite personnelle éclatante). La SRE se compose de 43 événements extraits d'une étude de plus de 5 000 patients cardiaques que ces auteurs suivirent pendant 30 ans au cours desquels ils observèrent une série d'événements vitaux se regroupant au début de la maladie ou au début des rechutes ultérieures. Par la suite, Holmes et Rahe ont indexé chaque item en lui donnant un poids différent, par exemple la mort du conjoint recevant un poids de 100 LCUs (Life Change Unit), le mariage 50 et les vacances 12. Cette version révisée reçut le nom de Social Readjustment Rating Scale (SRRS, cf. annexe 1). Le score total de stress pour un sujet est obtenu en additionnant les poids respectifs de chacun des événements vitaux signalés par le sujet généralement pour les 6 à 24 derniers mois.

Cette échelle a suscité de nombreux travaux, mais aussi beaucoup de critiques.

Le changement y est supposé générateur de stress sans égard à la désirabilité ou non de l'événement. Les événements indésirables devraient en effet avoir un effet plus délétère que les désirables. Dohrenwend (1973) soutenait pourtant cette hypothèse du changement en soi : le score de changement total (événements désirables + indésirables) est plus fortement corrélé avec la mesure du fonctionnement psychique que le score obtenu si l'on soustrait le score des événements désirables de celui des événements indésirables. Néanmoins, la plupart des autres études obtiennent une meilleure corrélation en utilisant seulement les événements indésirables (cf. Martin, 1989). Généralement, les événements désirables ne permettent pas d'obtenir de corrélations significatives. Il y a actuellement un consensus pour ne prendre en compte que les événements indésirables.

Par contre, la désirabilité doit-elle être évaluée par les sujets eux-mêmes ou par des juges indépendants ? L'auto-évaluation peut être contaminée par l'état psychique actuel, ce qui pose un problème aigu quand on mesure simultanément et rétrospectivement les événements vitaux et leurs conséquences. D'autre part, l'évaluation subjective de la désirabilité permet une approche différentielle et interindividuelle. Une solution pourrait être d'employer des évaluations subjectives pour les études prospectives et des évaluations objectives (faite par un juge) pour les études rétrospectives. En fait, plusieurs travaux indiquent que les deux méthodes donneraient des résultats comparables, même avec un recueil rétrospectif des données.

Il semble aussi que donner un poids différent à chaque événement pourrait être futile puisque plusieurs études donnent des corrélations similaires quant aux effets du stress, que les événements de vie soient indexés ou non d'un poids variable.

Enfin, selon de nombreux auteurs (Uhlenhuth *et al.*, 1977 ; Jenkins *et al.*, 1979), elle se heurte à un obstacle majeur : « le problème de la perception de l'événement qui diminue dans le temps (*event fall-off*) » qui met en cause la fidélité de cette méthode. En demandant à des sujets d'évaluer les événements de vie survenus pendant une période donnée et en répétant cette évaluation 9 mois après, ils remarquèrent que les scores obtenus à la seconde évaluation étaient significativement plus bas que lors de la première. De plus, il semblerait que le retentissement émotionnel mesuré par cette échelle, varie en fonction du niveau social, de l'ethnie, de l'âge, du sexe, de l'état émotionnel du moment (Amiel-Lebigre, 1988) et selon certaines conceptions psychiatriques et psychopathologiques, en fonction de prédispositions individuelles : différences génétiques et constitutionnelles, expériences traumatiques précoces, traits de personnalité pathologiques et difficultés sociales (Martinez, 1988).

La SRE de Holmes et Rahe a surtout été abandonnée lorsqu'on s'est rendu compte de la faible prédictibilité de ces événements sur l'apparition ou l'évolution de diverses maladies (Schroeder *et al.*, 1984; Martin, 1989). De nombreux travaux dont ceux de Dohrenwend (1978), et de Thoits en 1983 (*in* Cohen et Edwards, 1989), ont tenté de relier ces événements de vie à l'apparition de dépressions, de troubles anxieux, de maladies coronariennes, cancéreuses ou infectieuses. Il s'est avéré que les corrélations entre les scores d'événements de vie et des mesures de l'état de santé mentale et physique ne dépassaient pas un seuil de 0,30. Si un lien existe entre les événements vitaux et les conséquences psychologiques et somatiques, il semble être minime (9 % de variance commune).

A la suite de ces diverses critiques, les chercheurs ont construit d'autres échelles.

Autres échelles d'événements de vie

- *L'inventaire des expériences de vie* (LES, Sarason, Johnson et Siegel, 1978) : auto-évaluation de 57 items permettant au sujet d'évaluer à la fois la désirabilité-non désirabilité des événements et la gravité de l'impact au moment de la survenue de chaque événement. Cette échelle a été largement utilisée dans les recherches récentes.
- *La Peri Life Events Scale* (PLES, Dohrenwend, Krasnoff, Askenasy et Dohrenwend, 1978) : 102 items indiquant pour les événements le gain, la perte ou l'incertitude. Les items sont regroupés en 11 catégories (travail, aspects économiques, famille, santé, etc.). Comme pour la SRRS, chaque item est pondéré et le sujet indique la date d'apparition de l'événement.
- *L'inventaire d'événements déplaisants* (UES, Lewinsohn, Mermelstein, Alexander et Mac Philammy, 1985) : 320 items (ou 53 dans la version courte) regroupés dans diverses catégories (sexualité, mariage, amitié, réalisation, travail, carrière). Pour chaque item on évalue fréquence et intensité.
- *Registre d'événements de vie* (Coddington, 1972) : pour enfants et adolescents, similaire à la SRRS, des notes différentes étant attribuées en fonction du niveau scolaire de l'enfant.

Mesures des événements mineurs de la vie quotidienne

Lazarus et d'autres auteurs ont proposé un changement radical pour la recherche sur le stress de la vie. Les raisons de ce changement résident dans les déceptions suivantes :

– l'excès d'intérêt porté au changement ;

– l'impossibilité de prendre en compte la signification individuelle des événements ;

– les ressources adaptatives de la personne ;

– la faible puissance explicative des événements vitaux en ce qui concerne le devenir de l'état de santé.

Ces chercheurs ont donc proposé d'étudier plutôt que les changements vitaux majeurs, les « irritations quotidiennes mineures » ou *daily hassles*, définies comme « les exigences sources d'irritation, de frustration et de détresse, qui caractérisent plus ou moins les transactions quotidiennes avec l'environnement » (Kanner *et al.*, 1980).

L'échelle de tracas quotidiens ou *daily hassles scale* (Kanner *et al.*, 1981) comporte 117 items tels que déplacer ou perdre les objets, avoir du mal à se détendre, ne pas avoir assez de temps pour la famille, avoir trop de choses à faire, etc. On demande au sujet d'indiquer les tracas auxquels il a été soumis pendant une certaine période de temps (1 à 12 mois) et de préciser la sévérité de chaque tracas sur une échelle de 0 à 3.

Les recherches utilisant cette échelle montrent que les tracas sont corrélés significativement avec les symptômes psychologiques. Les tracas sont modérément corrélés avec les événements vitaux majeurs.

Cette échelle a été critiquée. On lui reproche essentiellement de confondre les items mesurant la santé mentale et ceux mesurant les tracas quotidiens.

L'échelle des problèmes quotidiens ou *everyday problem scale* (Burks et Martin, 1985) : constituée de 34 items, elle cherche à éviter la confusion entre les tracas et leurs effets. Ces auteurs ont obtenu des résultats similaires aux précédents avec corrélations significatives entre les scores de cette échelle et les symptômes psychologiques, même après élimination de l'effet des événements majeurs.

Monroe (1983), a développé une échelle d'événements vitaux mineurs raccourcie à 36 items ou *minor life events scale*. Elle a la prétention d'éviter le problème de contamination évoquée plus haut. Comme les échelles précédentes, elle prédit les troubles psychologiques.

Mesures de la tension des rôles sociaux

Une autre alternative aux événements vitaux pour l'évaluation des sources de stress est représentée par le concept de contrainte des rôles sociaux issus de la théorie sociologique prenant en compte les difficultés persistantes des personnes engagées dans les activités institutionnelles. On insiste ici sur le rôle social adopté par les gens.

Pearlin et Schooler (1978) ont identifié 4 domaines où les rôles adoptés sont source de tension : le rôle de conjoint, le rôle de gestionnaire du budget, le rôle de parent et le rôle professionnel et activités générales. Une échelle a ainsi été construite pour évaluer la contrainte associée à chaque rôle. Elle comporte des items tels que : « Je ne peux pas être complètement moi-même avec mon conjoint » (rôle de conjoint) ; « Vous arrive-t-il souvent de devoir corriger les erreurs de vos enfants, afin qu'ils progressent de la même manière que les enfants de leur âge ? » (rôle de parent) ; « Avez-vous des difficultés pour régler vos factures ? » (rôle de gestionnaire du budget) ; « Combien de fois avez-vous plus de travail que vous ne pouvez en accomplir ? » (rôle professionnel). Les résultats obtenus par ces auteurs ainsi que par Kandel, Davies et Raveis (1985) tendent à confirmer le caractère prédictif de cette échelle (corrélations élevées entre score de tension sociale et symptomatologie somatique et psychiatrique).

Echelles de sévérité des facteurs de stress psychosociaux (adultes) dans le DSM-III-R

L'axe IV du DSM-III-R fournit une échelle de sévérité classée de 1 à 6 pour des événements survenus au cours de l'année précédente (cf. annexe 2).

II
VERS UN MODÈLE TRANSACTIONNEL

Le stress comme émotion

Une approche catégorielle des émotions permet d'identifier un ensemble d'émotions négatives (colère, effroi, anxiété, honte, culpabilité, tristesse, envie, jalousie et dégoût) et un ensemble d'émotions positives (joie, fierté, soulagement et amour). Le stress psychologique est généralement centré sur les émotions négatives bien que les émotions positives aient un rôle d'interruption du stress, de soutien dans les événements stressants et de restauration des ressources.

Il est important de savoir si une personne soumise à un stress psychologique se sent en colère, anxieuse, coupable, triste, heureuse, fière, soulagée ou aimante. Chacun de ces états émotionnels indique quelque chose de différent quant à la situation vécue subjectivement et la façon dont le sujet l'affronte. Par exemple, la colère peut nous indiquer qu'un individu a fait l'expérience d'une humiliation personnelle ; la fierté indique un renforcement de l'estime de soi ou de l'ego ; la culpabilité montre que la personne se sent blâmable pour une transgression morale ; et un soulagement survient quand est levée une menace de dommage ou de perte. Les actuelles thérapies cognitives de la dépression ont pour but de modifier les croyances dysfonctionnelles qui conduisent à la détresse émotionnelle chronique ou récurrente de la dépression.

Le stress comme exigence extérieure : limites de cette conception

Jusqu'aux années 60, le stress a été essentiellement défini comme une exigence de l'environnement potentiellement délétère pour l'organisme. D'où les recherches centrées sur les stimuli de l'environnelment et les réponses organiques et comportementales.

Charles Lazarus reprend à la suite de Hinkle (1973), l'analogie avec le concept de stress utilisé au XVIIe siècle par Hooke en physique des solides. Ce modèle a eu la vie dure pour trois raisons :

1/ Les sciences sociales cherchent plutôt des données observables dans l'environnement que ce qui se passe dans le psychisme. La pensée médicale, à la suite de Claude Bernard, Cannon et Selye, s'est focalisée sur le stress comme conséquence physiologique en réponse aux exigences environnementales.

2/ Si, à l'instar des psychologues, on centre l'intérêt sur les différences individuelles dans la souplesse adaptative en situation de stress, la notion d'élasticité (flexibility) propose une analogie utile entre les objets physiques et les personnes. Certaines vont plier sans se rompre et ce sont les caractéristiques qui font l'essentiel de cette utile élasticité qui ont une importance pratique. C'est ainsi que depuis une dizaine d'années, les psychologues anglo-saxons ont multiplié les travaux sur ces « traits », comme par exemple : *hardiness* (endurance), *sense of coherence*, *optimism*, *illusion* et *self-deception*, *resourcefulness*, *self-efficacy* et *constructive thinking* ; etc. qu'il nous paraît superflu de traduire ici.

3/ La préoccupation quantificatrice des sciences sociales poussait à une conceptualisation simple du stress. Un exemple : la loi de Yerkes-Dodson (1908), si populaire, qui insistait sur le concept d'activation dont Duffy (1941) voulait qu'elle remplace « l'inutile et incommode concept d'émotion ». L'activation représentait une dimension confortable pour le psychologue car reliée à la notion de besoin instinctuel, d'éveil, et facilement corrélée aux paramètres électrophysiologiques du cerveau (l'EEG en particulier). Dans cette perspective, l'analyse du stress était unidimensionnelle, avec évaluation de l'intensité des stresseurs et/ou des réactions de stress.

A la suite des critiques de Lazarus, les psychologues ont abandonné ces conceptions simples et linéaires pour un *modèle « cognitif-motivationnel-relationnel »* (CMR).

Aussi, actuellement, « le stress psychologique ne peut être défini simplement en termes de stimulation exercée par l'environnement ou d'expérience d'événements désagréables, si perturbateurs soient-ils. Le même événement peut entraîner des réponses tout à fait différentes chez deux sujets, voire chez le même sujet en des circonstances différentes (Steptoe, 1991) ». Il semble alors nécessaire d'adopter une approche moins linéaire orientant les recherches vers la diversité des moyens dont dispose l'individu pour faire face à l'agression. L'apport des recherches biopsychologiques tend en effet, à confirmer l'existence d'un couplage étroit entre les divers types d'activation hormonale et diverses stratégies comportementales élémentaires (Laborit, 1979). *Des variables cognitives affectant la relation stress-émotions*, ont été alors identifiées aussi bien par les physiologistes que par les psychologues ; elles jouent le rôle de « modérateurs » de cette relation au sens où elles permettraient d'augmenter ou de diminuer l'impact des événements stressants sur l'état émotionnel induit et sur le déclenchement de diverses maladies. Ce sont ces variables que nous allons définir maintenant.

4 *Variables cognitives modératrices de la relation stress-détresse*

I
LE STRESS PERÇU

Les résultats décevants des travaux menés avec « l'échelle événementielle » de Holmes et Rahe ont permis d'envisager le stress non plus comme une réponse à un événement catastrophique mais plutôt comme *l'ensemble des perceptions d'impuissance et de malaise* qui envahissent l'individu face à des événements difficiles à maîtriser. Lindsay et Norman (1980) mentionnent que « dans une situation stressante, l'évaluation subjective qui est faite de la situation importe plus que les faits objectifs ». « Ce n'est donc plus une réaction de survie qui se déroule de façon stéréotypée quel que soit l'agent agresseur, mais une relation transactionnelle qui implique d'abord la perception et l'interprétation de la situation » (Dantzer, 1989a).

Cette étroite interaction entre le stress et les facteurs cognitifs a permis de comprendre qu'il était difficile d'étudier celui-ci en laboratoire. A titre d'exemple, des psychologues ont tenté d'étudier, dans une expérience de combat simulé, la réaction de stress de soldats subissant un entraînement au combat, avec de vraies munitions (Berkun *et al.*, 1962). Ils furent surpris de constater les bas niveaux de stress apparemment associés à cet événement. Les recrues refusaient tout simplement de croire que l'armée puisse les placer dans une situation qui pouvait entraîner des blessures. De même, les différents tests de « stations spatiales » où quelques volontaires sont placés à bord d'un simulateur spatial et enfermés pendant quelques mois, échouent également dans leur tentative d'imiter les conditions stressantes ; le fait de savoir qu'on est au sol, ôte à l'expérience presque tout son réalisme (Lindsay et Norman, 1980).

L'étude du stress est difficile en laboratoire, ce qui montre bien l'importance des facteurs cognitifs dans la régulation des réactions émotives. Cette régulation est importante car elle implique que le stress ne peut être expliqué ni à partir du stimulus (stresseur), ni à partir de la réaction (émotion), mais en fonction des processus intermédiaires que l'organisme interpose entre l'agression et lui-même, parmi lesquels la perception de la situation jouerait un rôle primordial. Cohen, Kamarch et Mermelstein (1983), ont adopté le nom de « stress perçu » (*perceived stress*) pour désigner ce facteur. D'après une étude réalisée sur 2 400 sujets, c'est le stress perçu par les individus et concernant des événements de la vie quotidienne et le passé récent qui est le plus prédictif des troubles de santé psychiques et physiques ultérieurs. D'autres auteurs ont travaillé dans cette perspective et ont démontré que la gravité objective du stresseur est significativement moins prédictive des troubles de santé ultérieurs que la perception que l'individu a de cet événement. Les réactions à un même stresseur, la mort du conjoint par exemple, varient en fonction de la signification accordée à cet événement par le veuf ou la veuve (Rodin *et al.*, 1984).

Cohen (1986) a alors établi une *échelle de « stress perçu »* composée de 14 items, qui permet d'interroger les sujets sur l'impact des événements récents : « Au cours du dernier mois, combien de fois avez-vous affronté avec succès vos ennuis et problèmes quotidiens ? » (PSS, cf. annexe 3). Cette échelle est reconnue internationalement comme étant très fidèle, valide et s'est révélée prédictive des troubles émotionnels (Rodin *et al.*, 1989) et somatiques (Cohen et Williamson, 1988).

II
LE CONTRÔLE PERÇU

Selon Lazarus et Folkman (1984), le stress consisterait donc, en une « transaction entre la personne et l'environnement » dans laquelle la situation est évaluée par l'individu comme débordant ses ressources et pouvant mettre en danger son bien-être. La connaissance de notre propre capacité de contrôler une situation serait donc un second facteur cognitif pouvant modérer la relation stress-émotions (Lindsey et Norman, 1980). Cette croyance dans la capacité de contrôler le cours des événements dépend selon les psychologues (Folkman, 1984 ; Cohen *et al.*, 1989), de l'évaluation faite par l'individu de ses *ressources personnelles* (*personal resources*) et *sociales* (*social resources*).

Ressources personnelles (lieu de contrôle, attribution causale)

Selon Dubois (1984), la croyance en un contrôle des événements se réfère à des dimensions stables de la personne selon lesquelles l'individu perçoit ou non une relation causale entre son propre comportement et les résultats qui en découlent. Cette théorie élaborée par Rotter en 1966, fait référence au concept de « lieu de contrôle » (*locus of control)* que Rotter définit comme « une croyance généralisée de l'individu dans le fait que le cours des événements et leur devenir dépend ou non de son comportement ». *Un lieu de contrôle interne* se réfère à une croyance généralisée selon laquelle ce qui arrive dépend du sujet tandis qu'un *lieu de contrôle externe* se réfère à une croyance généralisée selon laquelle les événements sont attribués à des facteurs externes : chance, destin, hasard, autrui (Wallston *et al.*, 1976; Cohen *et al.*, 1989; Folkman, 1984). Kobasa *et al.* (1982) suggèrent que le lieu de contrôle interne serait l'une des trois caractéristiques d'un trait de personnalité, appelée « solidité » (*hardiness*), qui correspond au sens de la maîtrise personnelle des événements stressants survenant dans la vie ; les deux autres caractéristiques sont l'« engagement » qui correspond au sens de la responsabilité et de l'engagement dans les activités de tous les jours, et le « défi » qui correspond à la souplesse d'adaptation aux changements inattendus, de sorte que les événements sont perçus comme des défis plutôt que comme des menaces. Selon ces auteurs ces trois dimensions définissent un type de personnalité résistant au stress qui peut être qualifié de type « endurant ». Ainsi, ils font l'hypothèse que les sujets « endurants » pensent qu'ils peuvent influencer ou maîtriser les problèmes, et non qu'ils sont impuissants devant eux ; ils se sentent engagés par ce qu'ils font, au lieu de se sentir aliénés ou non concernés, et perçoivent les événements dans leur diversité, comme autant d'occasions d'enrichissement personnel, de maturation, et non pas comme des situations vis-à-vis desquelles ils se sentent débordés. Ce type de sujet serait capable de supporter les stress psychosociaux plus efficacement que les sujets manquant d'endurance (Steptoe, 1991).

L'échelle de « locus of control » (LOC) mise au point par Rotter (1966), mesure le degré d'internalité-externalité, du lieu de contrôle. La littérature anglo-saxonne abonde en recherches consacrées à la création et à la validation d'instruments de mesure du LOC ; parmi ces nombreuses échelles, l'échelle de Rotter apparaît comme la plus valide (Krampen, 1982). En France, peu de travaux ont été consacrés au LOC et, au départ, seule une échelle pour enfants fut mise au point (Oléron et Soubitez, 1982). L'absence d'échelles françaises pour adultes, et l'insatisfaction procurée par la traduction des échelles étrangères ont conduit Dubois en 1984, à élaborer une échelle de LOC pour adultes. Cette échelle, composée de 42 items, a pu être construite après l'exploration, menée sur une population de 200 adultes hommes et femmes, des différentes causes évoquées par les individus pour expliquer le cours de divers événements : conditions de vie, réussite professionnelle, etc. ; celles-ci ont ensuite été ordonnées le long d'un continuum allant d'un pôle externe à un pôle interne. Plus le score interne est élevé, meilleur sera le contrôle perçu sur l'environnement (Knussen, 1988).

Effet des ressources personnelles sur la détresse émotionnelle

Les études très nombreuses menées avec l'échelle de Rotter ont abouti à des résultats concordants, à savoir : le contrôle interne est un modérateur significatif des effets du stress, c'est-à-dire qu'il atténue les perturbations psychologiques induites, alors qu'un contrôle externe les amplifie (Cohen *et al.*, 1989). Ainsi, les résultats des travaux de Johnston et Sarason (1978), menés auprès de 124 étudiants, ont permis de décrire une relation positive et significative entre l'anxiété, la dépression et un lieu de contrôle externe. Des résultats similaires ont été trouvés par d'autres chercheurs : Sandler *et al.* (1982), Turner *et al.* (1983), Nelson *et al.* (1983), Parkes (1984). Tous s'accordent pour reconnaître le rôle protecteur du lieu de contrôle interne. Ainsi, selon Folkman (1984), on peut supposer que dans une situation ambiguë, un individu avec un lieu de contrôle interne évaluerait davantage la situation comme contrôlable que ne le ferait un individu avec un lieu de contrôle externe. C'est pour cette raison qu'un lieu de contrôle interne est considéré comme ayant un rôle protecteur contre le stress (*stress-buffer*).

Un autre concept, associé au lieu de contrôle, et qui serait aussi un modérateur de la relation stress-émotions, est celui *d'attribution causale* qui indique dans quelle mesure la cause est perçue ou non comme étant sujette au contrôle personnel. Ce concept est censé couvrir les dimensions du locus, de stabilité et de contrôlabilité (Weiner, 1985). L'attribution causale peut être mesurée par un questionnaire à 4 items par lequel il est demandé au sujet d'évoquer un événement désagréable survenu au cours des trois derniers mois et d'évaluer sur une échelle bipolaire allant de 1 (pas du tout une cause importante) à 7 (une cause très importante) l'influence de chacun des quatre facteurs d'attribution présentés dans la survenue de l'événement ; ces quatre facteurs étant : « manque d'habileté », « manque d'effort », « absence de chance », « difficulté objective de la situation ». Ces items d'attribution sont combinés de façon à créer trois scores dimensionnels distincts : stabilité, locus et contrôlabilité. Les scores positifs (entre 0 et + 6) reflètent de façon prédominante des attributions internes, instables et contrôlables, alors que les scores négatifs (entre 0 et - 6) reflètent de façon prédominante des attributions externes, stables (durables) et incontrôlables (Mikulincer et Solomon, 1989).

Dans cette perspective, les travaux de Mikulincer et Solomon (1989), menés auprès de soldats Israéliens qui souffraient de réactions de stress (« post-traumatic stress disorders » : PTSD) pendant la guerre du Liban, ont permis de montrer que la gravité du PTSD était positivement et significativement associée avec le fait d'attribuer les événements négatifs à des causes externes, stables et incontrôlables. Des résultats similaires ont été trouvés par Affleck *et al.* (1985), qui ont mis en évidence que les parents qui attribuaient les complications de santé de leur enfant à des causes externes et incontrôlables présentaient significativement plus de perturbations affectives que les parents qui attribuaient les mêmes complications à des causes internes et contrôlables. De même, le fait d'attribuer un cancer du sein, une attaque cardiaque, un diabète à des causes externes et incontrôlables semble être lié à une inadaptation psychologique.

Toutefois, des résultats contradictoires ont été trouvés sur ce point. Ainsi, Metalski *et al.* (1987) ont montré qu'un échec à un examen produisait une augmentation de l'humeur dépressive uniquement parmi les étudiants qui attribuaient les événements négatifs à des causes internes. Aussi, certains auteurs (Janoff-Bulman *et al.*, 1977 ; Brewin *et al.*, 1984) ont jugé nécessaire de faire une distinction, au sein de l'attribution causale interne, entre une *causalité interne « caractérologique » : la culpabilité* (évaluation morale du fait de mériter ce qui arrive) et une *causalité interne « comportementale » : la responsabilité* (relevant d'un comportement qui aurait pu être évité). Les travaux de Janoff-Bulman (1979) ont ainsi permis de constater que les victimes d'enlèvement qui attribuaient cet événement négatif à des causes internes caractérologiques présentaient significativement plus d'états dépressifs que ceux qui attribuaient cet événement à des causes internes comportementales. Ces résultats sont similaires à ceux de Janoff-Bulman *et al.* (1977) et de Brewin *et al.* (1984) réalisés sur de graves accidentés de la route, qui permettent de conclure que seule une attribution causale interne comportementale (qui permet de croire que la reproduction de tels événements négatifs peut être évitée dans le futur par la modification de leur comportement) serait protectrice contre la détresse consécutive à l'impact de l'événement négatif. Les résultats des recherches actuelles ne permettent pas d'établir clairement le statut exact de ces concepts parmi d'autres dimensions stables de la personne (estime de soi, recherche de sensation) qui jouent aussi probablement un rôle modérateur (Cohen *et al.*, 1989).

Les ressources sociales (soutien social)

Une autre dimension qui s'est révélée être un modérateur efficace de la relation stress-émotions est ce que de nombreux auteurs appellent le « soutien social » (*social support*). Ce concept a fait son apparition dans la littérature anglo-saxonne, autour des années 1970, grâce à l'apport de la « sociologie de la santé » qui centra ses préoccupations sur l'influence des relations sociales et de leur qualité sur la santé (Baumann *et al.*, 1988). House (1981) définit le « soutien social » comme « une transaction interpersonnelle nécessitant l'un des éléments suivants : un intérêt émotionnel (sympathie, amour), une aide contributive (rendre service), des connaissances ou une appréciation sur l'environnement ». Ce qui rejoint la conception que propose Steptoe (1991) qui considère trois composantes du soutien social :

– L'*intimité affective et l'empathie*, c'est-à-dire la connaissance d'une ou plusieurs personnes à qui parler de ses ennuis dans une atmosphère de compréhension ;

– U*ne aide matérielle ou des services* (par exemple, une jeune mère seule avec son enfant en cas de décès brutal du mari peut nécessiter non seulement un soutien affectif, mais également une aide pratique du type garderie, logement, voire une aide financière) ;

– L'*apport d'informations et de conseils*, éventuellement de la part de personnes connaissant bien le problème rencontré (par exemple, un étudiant ayant échoué à un examen peut avoir besoin de conseils pour savoir s'il doit se réinscrire ou choisir une autre filière).

Selon Spacapan *et al.* (1988), le soutien social peut venir des membres de la famille (partenaire, enfants), d'amis, de collègues de travail, de liens communautaires (clubs, organisations religieuses) ou de groupes spécialement créés pour donner ce soutien (ex. : groupe d'alcooliques anonymes). Pour Cohen *et al.* (1989), ce terme désigne la perception que l'individu a de la disponibilité de son entourage familial, amical et professionnel par rapport aux difficultés rencontrées. Les auteurs s'accordent pour le considérer comme un attribut stable dans le temps, c'est-à-dire qui a des caractéristiques de « trait » plutôt que d'« état » transitoire (Sarason *et al.*, 1984).

L'un des instruments les plus utilisés pour mesurer ce concept est le *questionnaire d'auto-évaluation de soutien social* (SSQ) élaboré par Sarason *et al.* (1983), qui fournit une mesure des différences individuelles de soutien social. Sa construction a été fondée sur une définition empirique (sans conceptualisation) : le soutien social possède deux composantes de base : le nombre de personnes disponibles auquel le sujet croit pouvoir recourir dans les moments difficiles (*need*) et le degré de satisfaction qu'il peut anticiper de ce support qu'il perçoit comme disponible (*satisfaction*). Le SSQ est un instrument de mesure reconnu internationalement pour ses propriétés psychométriques. Son score est inversement en relation avec la détresse psychologique et l'inadaptation sociale. Ce questionnaire reste encore à valider dans sa version française.

Effet du soutien social sur la détresse émotionnelle

A ce jour les recherches indiquent clairement que le soutien social peut réduire l'impact psychologique des événements stressants. De Araujo *et al.* (1973) ont évalué le rôle du soutien social sur le devenir médical de 50 asthmatiques ; un an après avoir évalué le soutien social et les événements de vie stressants, ils calculèrent le dosage des corticostéroïdes (un taux élevé correspond à un état organique défavorable). Les résultats révélèrent que, pour les patients ayant un score faible d'événements stressants, leur taux hormonal était relativement bas quel que soit leur score de soutien social ; les patients ayant un score élevé d'événements stressants présentaient une élévation de ce dosage si leur score de soutien social était bas, mais était de niveau équivalent à ceux qui avaient un score d'événements stressants bas avec un score de soutien social élevé. Des résultats similaires avaient été obtenus par Nuckolls *et al.* (1972) sur un groupe de 170 femmes enceintes : les femmes avec un haut score de stress, avant et durant la grossesse, et avec un faible score de soutien social, présentaient significativement plus de complications après l'accouchement que les femmes ayant un haut score de stress et un haut score de soutien social.

Soutien social et lieu de contrôle : effet de leur interaction sur la relation stress-détresse

D'autres recherches suggèrent qu'il existe une interaction entre le lieu de contrôle d'un individu et l'efficacité du soutien social quant à leurs effets modérateurs sur le stress (Sandler *et al.*, 1982; Lefcourt *et al.*, 1984). Ces chercheurs ont en effet montré que le soutien social était plus efficace chez les individus ayant un lieu de contrôle interne que chez ceux qui avaient un lieu de contrôle externe. L'explication qu'ils proposent à cette distinction est que les individus ayant un lieu de contrôle interne utilisent activement leur soutien social comme un moyen pour les aider à faire face à l'agent stressant (par exemple : obtenir des informations), alors que les individus ayant un lieu de contrôle externe l'utilisent de façon moins instrumentale. Les travaux de Solomon *et al.* (1988) sur des soldats souffrant du trouble stress post-traumatique ont ainsi démontré que le rôle du soutien social était plus efficace sur le devenir de ce trouble chez les soldats ayant un lieu de contrôle interne.

Tous ces résultats confirment l'idée qu'un niveau bas de soutien social dans la vie d'une personne est un facteur de vulnérabilité (Sarason *et al.*, 1986). Il semble donc que, tout comme le « lieu de contrôle », il modifierait la perception du stresseur et la contrôlabilité perçue, c'est-à-dire qu'il agirait comme une ressource qui émousserait les effets du stress en rendant l'individu plus capable de *faire face* à celui-ci (Spacapan *et al.*, 1988).

5 *Le coping : variable cognitivo-comportementale modérant la relation stress-détresse*

I DÉFINITIONS

Tout au long de sa vie, l'individu est confronté à une succession d'événements de vie mineurs ou majeurs : naissance d'un enfant, changement d'emploi, maladies, blessures graves, deuil... Ces expériences peuvent être *perçues comme menaçantes* par l'individu, induire des perturbations émotionnelles et avoir à long terme des effets néfastes sur la santé physique et psychique (Ray, Lindop et Gibson, 1982). L'individu ne reste pas habituellement passif par rapport à ce qui lui arrive : il essaie de faire face. On parle de *coping* pour désigner la façon de s'ajuster aux situations difficiles. Ce terme implique, d'une part, l'existence d'un problème réel ou imaginé, et d'autre part, la mise en place d'une réponse pour faire face à cet événement stressant (Ray *et al.*, 1982).

Élaboré par Lazarus et Launier en 1978, le concept de coping désigne l'ensemble des processus qu'un individu interpose entre lui et l'événement perçu comme menaçant, pour maîtriser, tolérer ou diminuer l'impact de celui-ci sur son bien-être physique et psychologique. Ainsi, selon Lazarus et Folkman (1984), le coping est défini comme « l'ensemble des efforts cognitifs et comportementaux destinés à maîtriser, réduire ou tolérer les exigences internes ou externes qui menacent ou dépassent les ressources d'un individu ». Cette riposte, nommée *coping strategy* par les anglo-saxons, est connue dans la littérature scientifique française sous le terme de « stratégie d'ajustement » (Dantchev, 1989; Paulhan, 1992). Ces stratégies peuvent aussi bien consister en une activité qu'en un processus de pensée. En effet, selon Steptoe (1991), « les réponses déployées par l'individu pour faire face à des situations stressantes peuvent être de nature totalement *cognitivo-affective* (par exemple, dire à propos d'une tumeur cancéreuse que c'est un kyste bénin, ou bien encore transformer dans l'imaginaire une situation dangereuse en une occasion de profit personnel) mais également revêtir des formes *comportementales* plus directes (par exemple, affronter ouvertement le problème, adopter une conduite d'évitement, ou rechercher du soutien social...) ».

L'étude des stratégies d'ajustement introduit un changement fondamental dans notre façon de concevoir le stress : on ne cherche plus à décrire les réactions de stress par les événements auxquels le sujet est exposé (stresseurs), mais par la façon dont il gère la situation. La clarification de ce concept n'a pu réellement se faire que par la mise en évidence des processus cognitifs décrits dans les chapitres précédents (*stress perçu*, *contrôle perçu*).

II
APPROCHES TRADITIONNELLES

Le modèle animal

Dans le modèle *animal*, le coping est limité, par force, aux *réponses comportementales innées ou acquises* face à une menace vitale : il en va ainsi de la fuite, de l'évitement ou de l'attaque, dans la mesure où ces comportements ont une valeur instrumentale par rapport à la situation provocatrice. A titre d'exemple, des rats placés dans une cage à deux compartiments (un compartiment où ils reçoivent le choc et un autre où ils ne reçoivent rien) apprennent rapidement à fuir voire à éviter le choc en se déplaçant dans l'autre compartiment dès que retentit le signal sonore annonçant l'arrivée du prochain choc. Le critère du coping réussi est la maîtrise de la situation ou la diminution de l'activation physiologique engendrée par celle-ci (Dantzer, 1989a).

Les défenses du moi

Dans le modèle de la *Psychologie du Moi*, le coping est apparenté aux « défenses du Moi », c'est-à-dire à un ensemble d'opérations cognitives inconscientes dont la finalité est de diminuer ou supprimer tout ce qui peut susciter le développement de l'angoisse. Divers processus cognitifs destinés à diminuer l'anxiété induite par un événement ont été identifiés, comme le **déni** (le sujet perçoit et constate la réalité tout en niant certains de ses éléments péjoratifs ou insupportables tels que la gravité de la maladie, par exemple), l'**isolation** (le cours de la pensée se bloque autour d'une idée ou d'une représentation, empêchant ainsi une compréhension de ce qui arrive), ou l'**intellectualisation** (le sujet cherche une explication cohérente, logique à ce qui lui arrive). Le critère essentiel du coping réussi concerne ici la qualité du processus (sa souplesse, son degré d'adéquation à la réalité) et la qualité du devenir physique et psychologique du sujet.

En France, les recherches menées jusqu'à ces dernières années auprès des patients hospitalisés évoquaient le rôle des mécanismes de défense dans l'adaptation à la maladie (Laxenaire, Bentz et Chardot, 1972; Revidi, 1986). Ainsi, certains mécanismes tels que le déni, l'isolation, un esprit combatif protègeraient plus efficacement le sujet de l'anxiété qu'une tendance à la projection, au stoïcisme-fatalisme ou à l'agressivité-colère (Revidi, 1986). Toutefois, bien que ce modèle ait largement contribué à une meilleure compréhension des réactions de l'individu confronté à un événement stressant, il reste incomplet. En effet, en envisageant le coping comme un système défensif dont l'objet est de rétablir l'équilibre émotionnel, on s'intéresse davantage à la réduction de la tension plutôt qu'à la résolution du problème créé par l'événement. Or, selon divers auteurs, une définition complète du coping nécessite d'inclure à la fois les fonctions de régulation émotionnelle et de résolution de problème, c'est-à-dire les stratégies inconscientes et conscientes que l'individu met en place pour s'ajuster à un événement qu'il perçoit comme menaçant (Cohen et Lazarus, 1979; Folkman, Lazarus, Gruen et Delongis, 1986).

Freud, qui nous a légué, entre autres, le concept des « mécanismes de défense » ayant pour fonction de protéger l'individu d'émotions, d'idées ou de pulsions douloureuses, postulait que ces défenses étaient sous-jacentes à divers troubles psychiques mais pouvaient aussi représenter un éventuel processus curatif. Curieusement, peu d'analystes ont repris la théorie des mécanismes de défense, à l'exception notable d'Anna Freud (1937). Vaillant (1992) a consacré une grande partie de son activité scientifique aux mécanismes de défense, en refusant de rejoindre la « Révolution cognitive » et en restant fidèle à la tradition psychanalytique américaine. Pour Vaillant, les mécanismes de défense sont des distorsions cognitives mises en place par la sélection naturelle pour atténuer la dissonance cognitive et la dysphorie résultant d'un changement soudain du milieu extérieur ou intérieur. Mécanismes d'adaptation intrapsychiques inconscients dont la fonction est de maintenir l'anxiété dans des limites supportables, ils diffèrent des aptitudes au coping (*coping skills*) qui sont des techniques apprises pour permettre à l'individu d'affronter volontairement l'anxiété, alors que le déploiement des défenses n'est pas volontaire mais inconscient.

Vaillant distingue formellement et définit 18 mécanismes de défense qu'il classe de la façon suivante :

A. Défenses psychotiques
   1. projection délirante
   2. déni psychotique
   3. distorsion

B. Défenses « immatures »
   4. projection
   5. fantaisie schizoïde
   6. hypocondrie

C. Défenses névrotiques
   10. refoulement
   11. déplacement
   12. formation réactionnelle
   13. intellectualisation

D. Défenses « matures »
   14. altruisme

7. comportement passif-agressif
8. *acting out* (passage à l'acte l'acte)
9. dissociation
15. humour
16. suppression (stoïcisme)
17. anticipation
18. sublimation

Rappelons que le DSM-III-R propose un glossaire des mécanismes de défense au nombre de 18, différent de la liste de Vaillant puisqu'il y a par exemple des mécanismes tels que : la dévaluation, l'isolation, l'idéalisation, la rationalisation, etc. Dans son ouvrage, Vaillant met en appendice, outre le DSM-III-R, le glossaire de Meissner comportant 30 défenses classées en : Narcissiques, Immatures, Névrotiques et Matures. Il met aussi l'échelle Perry (DMRS) qui évalue 27 défenses classées comme suit : Action, Distorsion des images, Désavœu, Narcissique, Névrotiques autres, Obsessionnelle, Haut niveau. Il cite encore le manuel des mécanismes de défense du Moi de Jacobson et le questionnaire modifié de Haan.

Les traits de personnalité

Une autre conceptualisation, dérivant de la théorie des défenses, envisage le coping comme un *trait de personnalité*. Elle considère que certaines caractéristiques stables de la personnalité telles que la répression-sensibilité (Byrne, 1961), le fatalisme (Wheaton, 1983) ou l'endurance (Kobasa, Maddi et Kahn, 1982), prédisposeraient l'individu à faire face au stress d'une certaine façon. Toutefois, cette hypothèse selon laquelle un individu se comporte toujours de manière identique quel que soit l'événement, n'a pu être validée. En effet, de nombreuses recherches montrent que les mesures de trait sont de faibles prédicteurs des stratégies de coping (Cohen et Lazarus, 1973 ; Folkman *et al.*, 1986). Plusieurs raisons peuvent être évoquées pour expliquer cela :

– La nature *multidimensionnelle* du processus actuel de coping. Par exemple, dans le cas d'une maladie physique, le patient doit faire face à diverses sources de stress : douleur, invalidité, conditions d'hospitalisation et de traitements ; en même temps, il doit préserver son équilibre émotionnel et une image de soi satisfaisante, tout en veillant à ne pas perdre ses ressources financières, et à conserver de bonnes relations avec sa famille... Ces multiples préoccupations nécessitent le déploiement de stratégies de coping très diversifiées qui ne peuvent être prédites par une mesure unidimensionnelle comme celle d'un trait (Moos et Tsu, 1977).

– Le caractère *mouvant, changeant,* du processus de coping. En effet, selon Folkman et Lazarus (1988), le coping est fortement influencé par le contexte situationnel. Dans une étude réalisée auprès de 150 adultes (75 couples), Folkman *et al.* (1986) ont évalué mensuellement sur une période de 6 mois, les processus de coping adoptés par chaque individu vis-à-vis de l'événement le plus stressant vécu le mois précédent. La stabilité du coping a été éprouvée par des corrélations entre les six mesures successives : celles-ci n'étaient pas significatives dans l'ensemble. Ainsi, un même individu peut, dans certaines situations, mettre en place plutôt des stratégies cognitives de coping destinées à réduire la tension et, dans d'autres, des stratégies comportementales destinées à résoudre le problème (Folkman et Lazarus, 1988). Selon une étude de Pearlin et Schooler (1978), les stratégies cognitives seraient davantage adoptées dans les cas où l'événement est incontrôlable (maladie grave, par exemple) tandis que les stratégies comportementales le seraient dans les cas où un effort peut amener un changement de la situation (situation de perte d'emploi, par exemple). Nous reviendrons plus loin sur cette distinction fondamentale.

D'après ces résultats, il paraît difficile d'envisager le coping d'un point de vue statique. Selon Lazarus et Folkman (1984), les traits de personnalité s'avèrent à eux seuls insuffisants pour prédire la manière dont un individu fait face au stress : il convient donc de ne pas s'intéresser seulement à ce que l'individu « est » mais aussi à ce qu'il « fait ». La notion de coping permet de tenir compte à la fois des dispositions personnelles stables (ressources) et des modalités comportementales effectivement à l'oeuvre dans différentes situations de stress (réponses).

III

THÉORIE COGNITIVE DU STRESS ET COPING

Le coping comme modérateur de la relation événement stressant-détresse émotionnelle

Pour les tenants de cette théorie, le stress ne dépend pas seulement de l'événement, ni de l'individu, mais d'une *transaction entre l'individu et l'environnement.* Une réponse de stress survient lorsqu'une situation est évaluée comme débordant les ressources et pouvant mettre en danger le bien-être. Cette réponse est le résultat d'un déséquilibre entre les exigences de la situation provocatrice et les ressources de l'individu pour y faire face (Folkman *et al.*, 1986; Lazarus et Folkman, 1984; Matheny, Aycock, Pugh, Curlette et Silva Cannella, 1986). Un individu peut par exemple percevoir une mutation professionnelle comme un problème insurmontable, tandis qu'un autre peut la concevoir comme une occasion de profit personnel ou comme une aventure excitante. Les caractéristiques du stresseur n'indiquent donc pas l'intensité ni la nature de ce que le sujet éprouve. En effet, selon le modèle transactionnel du stress, les stresseurs passent à travers une série de « filtres » qui ont pour fonction de modifier l'événement stressant et donc d'amplifier ou de diminuer la réaction de stress. Rahe et Arthur (1978), ont identifié *trois filtres principaux* (fig. ci-dessous) :

Mécanismes filtrant l'impact du stresseur sur un individu

– La perception du stresseur est influencée par les expériences antérieures avec des stresseurs similaires, le soutien social et les croyances y compris religieuses.

– Les mécanismes de défense du moi (déni, répression, etc.) : ils agissent inconsciemment.

– Les efforts conscients : il s'agit de la mise en place de plans d'action, et du recours à diverses techniques (relaxation, exercice physique, médication, distraction cognitive).

Ces filtres sont considérés par d'autres auteurs comme des *médiateurs* de la relation événement stressant-détresse émotionnelle (Folkman et Lazarus, 1988). Ainsi, selon ces auteurs, deux processus affectent la relation entre l'environnement et l'individu : *l'évaluation* et *le coping*.

L'évaluation

a) Evaluation primaire/secondaire

L'évaluation est un processus cognitif à travers lequel un individu évalue de quelle façon une situation particulière peut mettre en danger son bien-être et quelles sont les ressources de coping disponibles pour y faire face. Lazarus et Folkman (1984) distinguent deux formes d'évaluation qui convergent pour définir le potentiel stressant de la situation et les ressources de coping mobilisables :

– *L'évaluation primaire* par laquelle l'individu évalue ce qu'il y a en jeu dans la situation. Il peut s'agir d'une perte (corporelle, relationnelle, matérielle...), d'une menace (éventualité d'une perte) ou d'un défi (possibilité d'un bénéfice). Le bruit que fait par exemple le voisin d'un étudiant qui est en train de réviser son examen peut être évalué comme une menace pour la réussite de celui-ci, ce qui expliquerait les sentiments d'inquiétude et de colère que l'étudiant pourrait exprimer. La nature de l'évaluation contribue ainsi différemment à la qualité et l'intensité de l'émotion. En effet, l'évaluation d'une perte ou d'une menace génère des émotions négatives telles que la honte, la colère ou la peur tandis que l'évaluation d'un défi engendre des émotions positives telles que la passion ou l'euphorie.

– *L'évaluation secondaire* par laquelle l'individu se demande ce qu'il peut faire pour remédier à la perte, prévenir la menace ou obtenir le bénéfice. Différentes options de coping sont alors envisagées : le changement de la situation, l'acceptation, la fuite, l'évitement, la quête de davantage d'informations, la recherche de soutien social, ou l'action impulsive. Cette évaluation oriente les stratégies de coping qui seront utilisées pour faire face à la situation stressante, stratégies dont l'objectif est de diminuer directement la tension émotionnelle mais ne changeant en rien le problème (coping centré sur l'émotion) ou stratégies qui, en modifiant la situation, agissent indirectement sur l'émotion (coping centré sur le problème). Reprenons le cas de l'étudiant qui doit réviser son examen malgré le vacarme de son voisin : décider de lire un livre humoristique, d'aller se promener, d'insulter son voisin ou encore se dire que « ce n'est pas si grave car je réussis toujours mes examens » sont des exemples de stratégies de coping centré sur l'émotion, alors que décider d'aller demander au voisin de faire moins de bruit, mettre des boules Quiès, ou bien partir travailler ailleurs, sont des exemples de stratégies de coping centré sur le problème.

b) L'évaluation et les ressources personnelles

Selon Folkman et Lazarus (1988), les processus d'évaluation des relations personne-environnement sont influencés par les *caractéristiques personnelles antérieures* (ressources personnelles) et les *variables environnementales*. Ceci peut expliquer pourquoi un même événement peut être évalué comme une menace par un individu et comme un défi par un autre.

Les caractéristiques personnelles sont les suivantes :

– *Les croyances* telles que les croyances religieuses (l'événement revêt le sens d'une épreuve imposée par Dieu et que l'on doit accepter) ou encore, la croyance par l'individu en sa propre capacité de contrôle des événements, ce que Rotter (1966) a appelé le « lieu de contrôle interne » (cf. *supra*). Selon de nombreux travaux, les personnes qui attribuent ce qui leur arrive à des causes internes et contrôlables utilisent davantage de stratégies de coping centrées sur le problème que les personnes qui attribuent ce qui leur arrive à des causes externes incontrôlables (fatalité, par exemple) (Lazarus et Folkman, 1984).

– *L'endurance* (*hardiness*) ou propension stable de l'individu à être résistant aux exigences externes ; elle correspond au sens de la maîtrise personnelle des événements de vie (Kobasa *et al.*, 1982). Comme on l'a énoncé précédemment, le type « endurant » est capable de supporter les stress psychosociaux plus efficacement que les autres (Steptoe, 1991).

– *L'anxiété-trait* : il s'agit d'une composante stable de la personnalité ; c'est une propension à l'anxiété, c'est-à-dire une tendance générale à percevoir les situations aversives comme menaçantes (Spielberger, Gorsuch, Luschene, Vaag et Jacobs, 1983). Les personnes ayant une anxiété-trait faible perçoivent les événements stressants comme moins menaçants et ont une plus grande prévision de contrôle que celles qui ont une anxiété-trait élevée.

Selon Lazarus et Folkman (1984), ces facteurs personnels influencent d'autant plus la perception de la situation que celle-ci est nouvelle et ambiguë. En effet, dans ce cas, la personne fait des inférences basées essentiellement sur les dispositions de sa personnalité (ressources personnelles) pour comprendre ce qui se passe.

c) L'évaluation et les caractéristiques environnementales

Les variables contextuelles (nature du stresseur, durée, fréquence), influenceraient l'évaluation du potentiel stressant de la situation (évaluation primaire) mais aussi l'évaluation des options de coping (évaluation secondaire). En effet, le choix des stratégies de coping est étroitement dépendant des variables environnementales qui sont :

– *Les caractéristiques de la situation* : la nature du danger, son imminence, sa durée. Ainsi, des stratégies de coping centrées sur le problème à résoudre sont davantage utilisées si la situation est susceptible de changer ou d'évoluer tandis que des stratégies de coping centrées sur la diminution de la tension émotionnelle le sont préférentiellement si la situation ne peut être modifiée ou si elle est incontrôlable.

– *Les ressources sociales* ou le réseau d'aide de l'individu. Les auteurs les définissent par le terme de « soutien social » qui désigne la disponibilité de l'entourage familial, amical et professionnel par rapport aux difficultés rencontrées (Cohen et Edwards, 1989 ; cf. supra). Les travaux menés dans ce domaine indiquent clairement qu'un niveau bas de soutien social dans la vie d'un individu est un facteur de vulnérabilité face au stress alors qu'un niveau élevé de soutien social, augmentant la contrôlabilité perçue, émousse les effets du stress et rendrait l'individu davantage à même de faire face (Spacapan et Oskamp, 1988).

Ces facteurs environnementaux ont un impact non négligeable sur l'évaluation que l'individu fait de ses capacités de contrôle, ce qui est déterminant pour le choix des stratégies de coping. C'est en raison de cette dépendance vis-à-vis de l'environnement que le coping est un processus changeant, momentané et qu'il est donc difficile de l'envisager comme une disposition stable de la personnalité.

Le coping ou les stratégies d'ajustement au stress

Le coping peut moduler l'émotion de différentes façons :

a) L'évitement/vigilance

Une première possibilité d'action consiste à *faire varier l'attention*, soit en la détournant de la source du stress (stratégies d'évitement), soit en la focalisant sur celle-ci (stratégies vigilantes). *L'évitement* est la stratégie la plus utilisée. Il peut s'agir d'activités de substitution à expression comportementale ou cognitive (activités sportives, jeux, relaxation, loisirs). Elles permettent de liquider la tension émotionnelle et aident ainsi l'individu à se sentir mieux. Ce type de stratégie peut être efficace quand il est associé à la confrontation avec l'événement stressant. Un autre groupe de stratégies d'évitement est moins adapté : c'est le cas de la fuite qui consiste par exemple, à souhaiter et croire que le stresseur disparaîtra en buvant, fumant ou en prenant des médicaments. Selon Suls et Fletcher (1985), la fuite ne provoque qu'un répit temporaire et s'avère peu efficace si la situation menaçante persiste. En effet, de nombreuses recherches montrent qu'elle est alors associée à des symptômes d'anxiété et de dépression couplés avec des troubles psychosomatiques (Coyne, Aldwin et Lazarus, 1981 ; Folkman *et al.*, 1986).

A l'opposé de l'évitement qui détourne l'attention du problème, *la vigilance* focalise l'attention sur celui-ci pour mieux le prévenir ou le contrôler. Janis et Mann (1977) distinguent deux formes de coping vigilant : la recherche d'informations pour en savoir plus sur la situation, et la mise en place de plans de résolution de problème. Le recours à ce type de stratégie peut permettre de diminuer la détresse émotionnelle tout en facilitant le contrôle de la situation : le fait d'avoir davantage d'informations sur la nature du problème peut aider à mettre en place des plans d'action (Rothebaum, Weisz et Snyder, 1982). Toutefois, le coping vigilant peut aussi augmenter l'intensité de l'émotion quand la recherche d'informations révèle que les choses sont pires que ce que l'on pensait ou que rien ne peut être fait pour changer le cours des événements.

b) Les activités cognitives apparentées au déni

Une seconde possibilité d'action consiste à *altérer la signification subjective de l'événement* en ayant recours à des activités cognitives apparentées au *déni*. Ces activités sont très variées. Elles comprennent la prise de distance par la distraction (penser à quelque chose d'agréable), l'exagération des aspects positifs d'une situation (« depuis que j'ai ce problème tout va mieux dans ma vie »), l'humour, la sous-estimation des aspects négatifs de la situation (dire que c'est un kyste bénin alors que c'est une tumeur cancéreuse) et la réévaluation positive (transformer une menace en un défi : « je vais combattre de toutes mes forces ce problème »). Ces stratégies, souvent génératrices d'émotions positives se sont révélées être efficaces pour abaisser la tension émotionnelle dans les cas d'expériences stressantes de courte durée et surtout quand le coping centré sur le problème n'est pas possible (la perte d'un proche, une maladie grave, par exemple).

c) Les efforts comportementaux actifs

Une troisième possibilité d'action consiste à *modifier directement les termes mêmes de la relation personne-environnement* par la mise en place d'efforts comportementaux actifs, consistant à affronter le problème pour le résoudre. Ces stratégies incluent la confrontation (esprit combatif), ainsi que l'élaboration et la mise en oeuvre de plans d'action, qui permettent au sujet de se donner les moyens de transformer la situation qu'il est en train de vivre.

L'influence du coping sur l'émotion engendrée par la situation dépend de l'évaluation, par l'individu, de l'efficacité de ses stratégies (Schönplug et Battman, 1988). Ce processus de *réévaluation* est un élément déterminant de l'efficacité du coping (voir figure) :

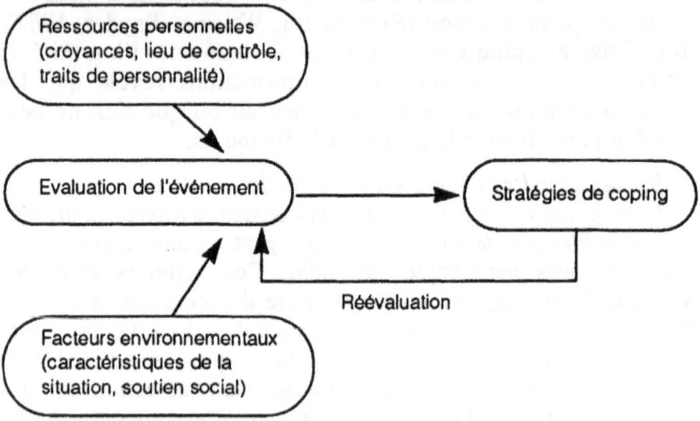

La séquence évaluation-action-réévaluation détermine l'efficacité des stratégies de coping

IV

CLASSIFICATION DES STRATÉGIES DE COPING ET MÉTHODES D'ÉVALUATION

Le coping centré sur l'émotion et le coping centré sur le problème

En fonction des différentes possibilités qu'a un individu de faire face aux événements stressants, deux fonctions du coping ont été identifiées : la régulation de la détresse émotionnelle et la gestion du problème à l'origine de cette détresse. Dans cette perspective, plusieurs auteurs (Ray *et al.*, 1982 ; Lazarus et Folkman, 1984) se sont attachés à faire l'inventaire des types de stratégies de coping. La méthodologie a consisté à recenser, au cours d'entretiens, les différentes modalités selon lesquelles les sujets réagissent aux diverses situations de la vie, quels que soient les secteurs envisagés : familial, professionnel... En règle générale, ces études mettent en évidence une grande variabilité inter- et intra-individuelle des stratégies mises en œuvre. Cependant, à partir de résultats d'analyses factorielles portant sur un nombre suffisant de sujets, deux grands types de coping apparaissent comme des invariants : *le coping « centré sur l'émotion »* et *le coping « centré sur le problème »*. Ces deux formes de coping sont utilisées dans la plupart des situations stressantes et les proportions relatives de chaque forme varient selon l'évaluation de l'événement.

Les échelles de coping

Diverses échelles ont été construites pour évaluer le coping selon ces deux dimensions principales. La plus utilisée est celle de Lazarus et Folkman (1984) : *The Ways of Coping Check-List*, composée de 67 items. La procédure de validation a consisté à interroger tous les mois, sur une durée d'un an, 100 sujets (52 femmes et 48 hommes), âgés de 40 à 65 ans, auxquels il était demandé de décrire une situation qui les avait particulièrement bouleversés et de désigner parmi les diverses stratégies présentées, lesquelles ils avaient le plus souvent utilisées pour y faire face. L'analyse factorielle des réponses a produit les huit sous-échelles suivantes dont chacune contient plusieurs items :

– *la résolution du problème, y compris la recherche d'information* (« j'ai établi un plan d'action et je m'y suis tenu », « j'ai parlé à quelqu'un pour en savoir plus au sujet de la situation ») ;

– *l'esprit combatif* ou *l'acceptation de la confrontation* (« j'ai tenu bon et j'ai lutté pour y arriver », « je me suis battu pour ce que je voulais ») ;

– *la prise de distance* ou *la minimisation des menaces* (« j'ai essayé d'oublier ça », « j'ai fait comme si rien ne s'était passé ») ;

– *la réévaluation positive* (« je suis ressorti de cette expérience plus fort que je n'étais avant ») ;

– *l'auto-accusation* (« j'ai compris que c'est moi qui ai créé le problème ») ;

– *la fuite-évitement* (« j'ai essayé de me sentir mieux en mangeant, buvant, fumant ou en prenant des médicaments », « j'ai essayé de tout oublier ») ;

– *la recherche d'un soutien social* (« j'ai accepté la sympathie et la compréhension de quelqu'un ») ;

– *la maîtrise de soi* (« j'ai essayé de ne pas réagir trop vite ou de ne pas suivre ma première impulsion »).

Les deux premières sous-échelles correspondent au coping centré sur le problème et les six autres au coping centré sur l'émotion.

Une version abrégée de cette échelle (42 items) a été validée par Vitaliano, Russo, Carr, Maiuro et Becker (1985) : *The Coping Check-List.* La solution factorielle après rotation varimax révèle les cinq facteurs suivants : résolution du problème, auto-accusation, réévaluation positive, recherche de soutien social et évitement. L'adaptation française a révélé des facteurs plus ou moins identiques. En effet, une analyse factorielle avec rotation varimax a permis d'obtenir les dimensions suivantes : il s'agit des facteurs de « résolution du problème » (9,4 % VT), d'« évitement avec pensée positive » (7,5 % VT), de « recherche de soutien social » (6,5 % VT), de « réévaluation positive » (5,9 % VT) et d'« auto-accusation » (5,7 % VT). Ces résultats nous ont ainsi permis de construire une échelle valide (cf. annexe 4), composée seulement de 29 items, évaluant ces cinq types de stratégies de coping (Paulhan *et al.*, 1994).

Toutefois, certains auteurs n'adhèrent pas totalement à la classification de Lazarus et Folkman. Suls et Fletcher (1985) par exemple, sur la base d'une méta-analyse de 43 recherches antérieures (1960-1985) consacrées au coping, aboutissent aux catégories suivantes :

– *le coping « évitant »* (évitement, fuite, déni, résignation, fatalisme, agressivité...) permet comme le coping centré sur l'émotion de Lazarus et Folkman de réduire la tension émotionnelle ; c'est une stratégie passive ;

– *le coping « vigilant »* (recherche d'information, de soutien social, plans d'action, recherche de moyens...) permet comme le coping centré sur le problème un affrontement de la situation avec efforts cognitifs et comportementaux pour la résoudre; c'est une stratégie active ;

– *la réévaluation du problème* qui est une stratégie perceptivo-cognitive destinée à réduire l'écart perçu entre menaces et ressources perçues et donc à rendre la situation tolérable. Certains auteurs en font un type de coping spécifique (Billings et Moos, 1982).

Ainsi, plus qu'une simple réponse au stress, le coping correspond à une *stratégie multidimensionnelle de contrôle* dont la finalité est le changement de la situation réellement menaçante, de l'appréciation subjective que le sujet en a, ou encore de l'affect associé à la situation de menace (Dantchev, 1989). Les controverses sur la classification des stratégies d'ajustement en elles-mêmes ne sont pas essentielles. Ce qui compte est de savoir si ces stratégies sont fonctionnellement efficaces, c'est-à-dire si elles permettent effectivement de réduire la tension ou l'anxiété engendrée par la situation.

V

EFFICACITÉ DES STRATÉGIES DE COPING

Selon Laborit (1979), « si le contrôle de l'événement est efficace, peu de perturbations biologiques, physiologiques ou comportementales en résultent... ». En effet, l'ensemble des travaux menés dans ce domaine indique que les critères de l'efficacité du coping doivent être appréciés de manière *multidimensionnelle* : une stratégie de coping est adéquate si elle permet au sujet de maîtriser ou de diminuer l'impact de l'agression sur son bien-être physique et psychologique (Lazarus et Folkman, 1984 ; Folkman *et al.*, 1986 ; Rivolier, 1989 ; Di Matteo, 1991). La question est donc de savoir, laquelle des stratégies fondamentales (coping centré sur l'émotion ou coping centré sur le problème, par exemple) est la plus efficace pour modérer la relation stress-détresse.

Efficacité du coping sur la détresse émotionnelle

L'étude de l'efficacité du coping vis-à-vis de la détresse émotionnelle a fait l'objet de nombreuses recherches. Les principaux critères évalués sont l'anxiété et la dépression. Ainsi, les travaux de Schmidt (1988) sur des patients hospitalisés pour une intervention chirurgicale, montrent que les sujets qui utilisent une stratégie de coping active (recherche d'informations sur le déroulement de l'opération, de ses conséquences, participation lors des traitements) sont significativement moins anxieux et présentent moins de complications post-opératoires que les sujets qui utilisent une stratégie de coping passif (attitude résignée et fataliste, inhibition). De même, Mikulincer et Solomon (1989) ont observé que la gravité des troubles de stress post-traumatiques chez les soldats, est positivement associée à des stratégies de coping centrées sur l'émotion. Ainsi, il semblerait qu'un style de coping actif centré sur le problème soit plus efficace qu'un style de coping passif centré sur l'émotion pour réduire la tension émotionnelle induite par l'événement.

L'efficacité des stratégies de coping dépend aussi des caractéristiques situationnelles comme la durée et la contrôlabilité de l'événement stressant. Ainsi, l'évitement est plus efficace à court terme (de 0 à 3 jours après l'événement stressant) et les stratégies actives à long terme (à partir de 2 semaines après). Un style de coping passif (dénégation, par exemple) évite d'être débordé par l'émotion et facilite un travail psychique permettant sans doute d'assimiler progressivement la réalité (Suls et Fletcher, 1985). De même, selon Lazarus et Folkman (1984), les stratégies actives ne semblent efficaces que si l'événement est sous le contrôle du sujet. Dans le cas d'un événement incontrôlable, les stratégies passives (évitement, par exemple) seraient plus adaptées. Ainsi, dans le cas de maladies graves comme le cancer, divers travaux montrent que le déni ou la réévaluation positive est une stratégie favorisant un bon ajustement chez des patientes atteintes de cancer mammaire (Greer, Morris et Pettingale, 1979 ; Dean et Surtees, 1989). En fait, il n'y a pas de stratégie de coping efficace en soi, indépendamment des caractéristiques personnelles et perceptivo-cognitives du sujet (voir fig. p. 54) et des particularités des situations stressantes.

Efficacité du coping sur la santé physique

Pour des raisons d'ordre méthodologique (études prospectives, examens biomédicaux coûteux), l'étude de l'efficacité du coping sur l'état de santé physique semble difficile à évaluer. Toutefois, selon Lazarus et Folkman (1984), le coping peut affecter la santé physique de trois façons différentes :

1 / Il peut influencer la fréquence, l'intensité et la durée des réactions physiologiques (pulsations cardiaques, pression artérielle, tension musculaire) et neurochimiques associées à l'état de stress (catécholamines urinaires, cortisol sanguin, par exemple) dans les cas où :

– le sujet ne peut prévenir ni améliorer les conditions environnementales stressantes, par défaut ou inadéquation des stratégies centrées sur le problème (effort contrarié) ;

– face à un événement incontrôlable, le sujet ne peut réguler la détresse émotionnelle (stratégies centrées sur l'émotion inopérantes) ;

– le sujet a un style de vie ou style de coping qui est en lui-même à risque. Le meilleur exemple est le Type A qui se décrit par l'ensemble des traits suivants : compétitivité, impatience, hostilité, perception des événements stressants comme des défis.

2 / Il peut affecter directement et négativement la santé (augmentation du risque de mortalité et de morbidité) quand il correspond à l'utilisation excessive de substances nocives telles que le tabac, l'alcool, la drogue... ou quand il entraîne le sujet dans des activités à haut risque (la vitesse en automobile, par exemple).

3 / Les formes de coping centré sur l'émotion peuvent menacer la santé car elles gênent la mise en place de comportements

adaptatifs. C'est le cas du déni ou de l'évitement qui peuvent conduire le sujet à ne pas percevoir ses symptômes ou à consulter trop tardivement.

VI

LE COPING : UN PROCESSUS COGNITIVO-COMPORTEMENTAL MODÉRANT LA RELATION STRESS-DÉTRESSE

On ne considère plus aujourd'hui le stress comme un stimulus objectivement menaçant, ni comme une réponse émotionnelle linéairement dépendante de la gravité de la situation, mais comme un processus dynamique médiatisé par deux autres processus eux-mêmes en interaction : 1° l'évaluation cognitive de l'événement (contrôlabilité perçue) et 2° les stratégies de coping (contrôle effectif). Cette nouvelle conception du stress rend caduc le modèle physiologique de Selye (cf. chapitre II) qui ne tient pas compte de la complexité des relations entre le physiologique et le psychologique et ne peut donc qu'obscurcir la compréhension de la relation stress-détresse. Toutefois, il existe un risque de perpétuer un dualisme implicite si l'on se contente d'une approche purement psychologique de ces mécanismes. En effet, les réponses de coping ne sont pas que « psychologiques »; elles sont aussi associées à des variations neuroendocriniennes et immunitaires. L'évitement, par exemple, correspond à une diminution des catécholamines (adrénaline) et à une diminution de l'activité immunitaire (cellules NK) alors que, l'affrontement produirait le contraire (Contrada, Leventhal et O'Leary, 1990). Aussi, des modèles systémiques, issus de la psychoneuro-immunologie, ou intégrant les cofonctionnements biopsychosociaux, seront indispensables pour comprendre l'étiologie et l'évolution des maladies.

VII

COPING ET CONTRÔLE PERÇU

Certains auteurs, postulent que c'est la façon dont les gens expliquent l'apparition d'événements ou « attribution causale » (qui dépend elle-même, de l'évaluation faite par l'individu de ses ressources personnelles et sociales : « lieu de contrôle » et « soutien social »), qui prédit le type de stratégie qu'ils choisissent pour s'en accommoder (Janoff-Bulman *et al.*, 1977 ; Revenson, 1981 ; Lefcourt, 1984 ; Peterson *et al.*, 1987 ; Solomon *et al.*, 1988 ; Arntz *et al.*, 1989 ; Mikulincer *et al.*, 1989). Le coping serait indissociable de l'appréhension perceptivo-cognitive des relations entre soi et les événements. Ceci rejoint la définition que Billings et Moos (1983) donnent du coping : celui-ci, consiste en *cognitions* et *comportements* qu'un individu utilise pour *évaluer* l'événement stressant et *modérer* la tension émotionnelle qui l'accompagne. Ainsi, par exemple, Janoff-Bulman *et al.* (1977) rapportent que des victimes d'accidents graves de la route qui présentent une attribution causale externe (mise en cause d'un tiers) pour expliquer leur accident mettent en œuvre des stratégies de coping centrées sur l'émotion alors que, les victimes qui présentent une attribution causale interne (la cause relevant de leur comportement : par exemple, « si j'avais roulé moins vite cela ne serait pas arrivé ») mettent en œuvre des stratégies de coping centrées sur le problème et présentent, par là-même, moins de troubles émotionnels que les autres.

Les travaux de Mikulincer *et al.* (1989) ont donné des résultats similaires chez des soldats victimes de troubles de stress post-traumatiques, à savoir qu'une utilisation plus fréquente d'un coping axé sur le problème (recherche d'aide, par exemple) est significativement associée à une attribution des événements négatifs à des causes plutôt internes et contrôlables. Inversement, une utilisation plus fréquente d'un coping axé sur l'émotion (prise de distance, par exemple) est significativement associée à des causes plutôt externes et incontrôlables. Les soldats utilisant cette dernière stratégie présentaient des troubles plus sévères que les autres.

Peterson *et al.* (1984) proposent d'expliquer cette relation entre le coping centré sur le problème et les attributions internes et contrôlables, en termes d'attentes de contrôle par les sujets. Selon ces auteurs, une attribution d'événements négatifs à des causes externes et incontrôlables développe des attentes d'incontrôlabilité qui sont généralisées dans le temps. Dans ce cas, les sujets pensent qu'ils seront incapables de contrôler à l'avenir les souvenirs des événements négatifs par leur propres actions volontaires. L'association entre une attribution interne d'événements négatifs et le coping centré sur le problème peut également être expliquée en termes de motivations ; il semblerait qu'une attribution interne d'événements négatifs conduise à un sentiment de responsabilité personnelle qui renforce la motivation à initier des réponses instrumentales et donc, à entreprendre de telles activités dans le futur.

Si certains auteurs se sont souciés de montrer que cette contrôlabilité perçue était étroitement dépendante d'un lieu de contrôle interne (Parkes, 1984 ; Folkman, 1984 ; cf. *supra*) et d'un soutien social satisfaisant (Lefcourt *et al.*, 1984 ; Sarason *et al.*, 1986 ; Spacapan *et al.*, 1988 ; cf. *supra*), d'autres (Janoff-Bulman *et al.*, 1977 ; Janoff-Bulman, 1979 ; Brewin *et al.*, 1984) suggèrent que cette contrôlabilité peut être affectée négativement par une causalité interne caractérologique (culpabilité). L'impact des *traits de personnalité* (dépression, anxiété) sur le type de stratégies de coping adopté ne s'avère donc pas négligeable, et les recherches à ce sujet, méritent d'être actuellement approfondies.

D'autres auteurs (Miller *et al.*, 1989 ; Syme, 1989) soulignent aussi le rôle prédictif de *facteurs contextuels* (informations données au sujet sur l'événement : déroulement de l'intervention chirurgicale, par exemple) sur la stratégie de coping adoptée et par là-même, sur le retentissement émotionnel. Ce rôle est ainsi démontré dans l'exemple cité par Dantzer (1989) à propos de femmes adressées par leur médecin à une clinique pour un examen permettant de dépister un éventuel cancer du col de l'utérus. Au préalable, ces femmes ont été classées en deux groupes suivant qu'elles cherchaient à être informées sur ce qui allait leur arriver ou qu'au contraire elles préféraient ne pas le savoir. Dans chaque groupe, on a donné à une partie des patientes une série d'explications sur l'examen, tandis qu'on soumettait les autres à un questionnaire banal pendant ce temps. Les résultats montrèrent (en prenant simplement le pouls avant et après l'entretien), que les patientes qui cherchent à obtenir le maximum d'informations restent tendues pendant l'examen et ne relâchent leur tension que si elles obtiennent les détails qu'elles demandent ; à l'inverse, les patientes qui refusent normalement l'information, mais qui reçoivent malgré elles tous les détails sur la façon dont l'examen va se dérouler sont significativement plus tendues. Ainsi, comme le soulignent Miller *et al.* (1989), l'information donnée au sujet concernant l'événement (ici, l'intervention chirurgicale) peut être source de troubles émotionnels si le sujet n'est pas apte à mettre en place des stratégies de coping actives. La question du rôle de l'information sur le vécu des stresseurs médicaux reste actuellement ouverte.

6 *Rôle de la personnalité dans l'étio-pathogénie des maladies organiques*

I

TRAITS PATHOGÈNES : TYPE A, TYPE C

Les modèles psychosomatique et épidémiologique

Depuis longtemps, on a spéculé sur le rôle possible de la personnalité comme facteur de risque de certaines maladies, essentiellement le cancer et les maladies coronariennes. Deux types de modèle très différents, *le modèle psychosomatique* et *le modèle épidémiologique* ont en commun de considérer que certains facteurs psychiques (une structure de personnalité « psychosomatique » pour les premiers, certains styles de vie ou « types » pour les seconds) jouent un rôle déterminant dans l'étiologie des maladies.

1 / *Les théories psychosomatiques* ont suscité beaucoup d'intérêt. L'école française a développé le concept de « pensée opératoire » (Marty, 1976) pour désigner la pauvreté de l'imaginaire et des capacités de symbolisation des patients dits psychosomatiques. L'école de Boston désigne par « alexithymie » (Apfel et Sifnéos, 1979), l'incapacité de certains individus à reconnaître leurs émotions et à les verbaliser. Malheureusement, malgré les espoirs de ceux qui s'intéressent à ces modèles, les relations empiriques obtenues entre ces aspects de la personnalité et diverses pathologies organiques sont faibles et contradictoires (Rodin et Salovey, 1989).

2/ *L'approche épidémiologique* est, au contraire de la précédente, complètement empirique (athéorique). Elle consiste à comparer des groupes malades et sains, en recherchant rétrospectivement tous les facteurs les différenciant (environnementaux, biographiques, psychosociaux...). Ainsi, pour le cancer, une quarantaine de facteurs psychogènes avaient été recensés dans les années 1970-75. On pensait alors avoir démontré *l'étiologie psychosociale* de certaines maladies (voir la synthèse de ces travaux dans Fox, 1988). Hélas, les études alors disponibles souffraient de graves lacunes méthodologiques qui invalidaient les résultats (Bruchon-Schweitzer, 1994). En effet, *les études rétrospectives*, qui consistent à reconstituer le passé de sujets, souffrent de biais multiples dont la contamination des informations ayant trait au passé par l'état présent (la maladie actuelle modifie la perception des événements antérieurs).

Les études prospectives sont beaucoup plus fiables. Elles consistent à suivre pendant plusieurs années une cohorte de sujets sains dont on a fait au départ le diagnostic psychosocial complet et, à étudier les différences initiales entre les groupes atteints de certains types de maladie (ou entre les sujets malades et les sujets non malades). La plus célèbre de ces études a été menée pendant 10 ans parallèlement à Heidelberg, en Allemagne, et dans une petite ville rurale de Yougoslavie, sur 154 000 personnes (Grossarth-Maticek *et al.*, 1988). Elle a permis de mettre en évidence 4 types de personnalité à risques, dont l'un est fortement prédisposé à développer des maladies coronariennes *(type A)*, et un autre des cancers *(type C)* (voir Tableau 1).

Le type A

Le type A, évalué par le questionnaire JAS (Jenkins Activity Survey) de Jenkins *et al.*, (1979) ou mieux par l'Interview structuré de Rosenman (1978), peut être décrit par un ensemble de comportements caractérisé par un goût excessif pour la réussite, la compétitivité, l'impatience, l'hostilité et la vigueur des gestes et de la voix (Friedman et Rosenman, 1974). D'après les résultats d'une étude prospective de 8 ans menée sur 3 500 hommes en bonne santé, les sujets de type A ont deux fois plus de risques que les autres de développer une maladie coronarienne.

TABLEAU 1 : *Causes de décès pour différents Types-échantillon yougoslave (Grossarth-Maticek* et al., *1988)*

Echantillon yougoslave	Vivant	Cancer	M. cardio-vasculaires	Autres causes de décès	Total
Type C	72 = 23,8%	140 = 46,2%	25 = 8,3%	66 = 21,8%	303
Type A	96 = 28,3%	19 = 5,6%	99 = 29,2%	125 = 36,9%	339
Type B	437 = 90,7%	3 = 0,6%	8 = 1,7%	34 = 7,1%	482
Autres	129 = 56,7%	4 = 1,8%	24 = 9,2%	72 = 32,3%	229
Total	734 = 54,2%	166 = 12,3%	156 = 11,5%	297 = 27%	1353

La valeur prédictive du style comportemental de type A en ce qui concerne les maladies coronariennes a été mise en doute depuis quelques années. Les revues de question récentes (Friedman *et al.*, 1988 ; Contrada *et al.*, 1990) mentionnent que seul l'Entretien structuré de Rosenman est un outil valide pour évaluer le type A (le questionnaire de Jenkins, prédisant trop faiblement le risque de développer des maladies coronariennes, ne doit plus être utilisé). Selon ces auteurs, il apparaît que seulement certaines caractéristiques de la personnalité de type A, telles que *l'agressivité* et *la colère*, pourraient être liées à l'apparition de maladies coronariennes. Un autre problème menaçant la validité du type A, est le fait qu'il ne prédit pas de risques coronariens chez les femmes.

Certes, l'approche épidémiologique a permis de définir les caractéristiques psychologiques du type A et d'élaborer un outil valide pour dépister les personnes présentant un risque coronarien mais, compte tenu des limites évoquées ci-dessus, la façon dont le type A influence la survenue des maladies coronariennes est actuellement envisagée dans des modèles explicatifs moins linéaires comme le modèle transactionnel de Smith et Anderson (1986) ou le modèle intégratif de Contrada *et al.*, (1990) (voir Goodall, 1994).

Le type B

Kaplan en 1992, souligne que si le type A est bien documenté, le type B n'a pas suscité le même intérêt. Il s'agit d'une catégorie résiduelle définie par l'absence des traits du type A (en particulier pas de sentiment d'« urgence du temps », ni d'hostilité flottante), une bonne aptitude à jouer pour le plaisir, et à se relaxer sans culpabilité. *Ce type serait protecteur et garant de bonne santé, de réussite et d'adaptation sociales.* Les quatre processus protecteurs que l'auteur met en évidence sont les suivants : unicité-estime de soi-autonomie, sens du pardon, sociabilité, sagesse existentielle.

Le type C

La personnalité prédisposée au cancer a souvent été décrite comme agréable, non autoritaire, trop coopérante, cherchant l'harmonie et évitant le conflit (Eysenck, 1991). Bien que la personnalité de type C (Temoshok, 1987) implique une structure unitaire regroupant les diverses composantes psychiques précédentes, elle se caractérise essentiellement par les deux composantes suivantes :

– *Des cognitions dépressives (« résignation apprise » avec sentiment d'impuissance et de désespoir) :* Ce concept est à distinguer de la dépression en tant qu'affect et correspond à un modèle de dépression basé essentiellement sur des cognitions spécifiques vis-à-vis des événements stressants que Seligman (1975) regroupe sous le terme de « résignation apprise » (l'individu éprouve un sentiment d'impuissance face aux événements stressants qu'il ne peut contrôler). En effet, divers travaux n'ont pas trouvé de relation entre la dépression qui suit un diagnostic de cancer et la probabilité de métastases (Dattore *et al.*, 1980). Par contre, Temoshok (1987) a observé que des cognitions dépressives, évaluées au cours d'un entretien chez des patients atteints de mélanome, sont associées significativement à la taille des tumeurs; d'autres études ont également révélé une relation entre la résignation apprise et les résultats défavorables de biopsie de tumeurs du col (Antoni et Goodkin, 1988) ou du sein (Wirsching *et al.*, 1982).

– *La répression des émotions (incapacité à reconnaître et à verbaliser ses émotions, notamment les affects hostiles comme la colère) :* Dans l'étude prospective d'Heidelberg, Grossarth-Maticek *et al.* (1988), montrent que des individus évalués comme « répresseurs et anti-émotifs » ont ensuite plus de risques que d'autres de développer un cancer. D'autres études vont dans le même sens, indiquant que la répression émotionnelle est plus fréquente chez les cancéreux et qu'elle est associée à une moindre fréquence de survie (Contrada *et al.*, 1990). Il semble bien que ce soit l'expression des émotions et non l'affect lui-même qui est impliquée dans ce profil de type C : en effet, les patientes signalant, avant le résultat d'une biopsie, qu'elles ont tendance à « contenir leur colère » ont une probabilité plus élevée que les autres d'avoir une tumeur cancéreuse.

Limites des études prospectives. – Malgré quelques exceptions comme l'étude de Grossarth-Maticek (1988), les recherches prospectives souffrent d'imperfections diverses comme la sélection initiale des sujets, la fidélité et la validité des mesures, le non-contrôle des diverses distorsions affectant certains types d'évaluation comme l'effet de halo, la désirabilité sociale, ou l'affectivité négative (Bruchon-Schweitzer, 1994). En ne prenant en compte que les études les plus sérieuses à cet égard, on s'est aperçu que la relation entre les variables psychosociales préexistantes et le risque ultérieur de développer un cancer par exemple est faible (5 % de variance commune en moyenne) et qu'elle ne concerne qu'une poignée de caractéristiques comme la colère et l'agressivité pour les maladies coronariennes et la répression émotionnelle et des cognitions dépressives pour les cancers.

Même si leur rôle paraît assez faible, les dispositions personnelles qui correspondent à l'organisation stable des conduites[1], jouent bien un rôle dans l'étiologie et dans l'évolution des maladies. Toutefois, les revues de question récentes (Rodin et

1. On attribue cette stabilité à des fondements biologiques génétiquement déterminés comme Eysenck, ou à des conduites socialement apprises et renforcées comme Bandura.

Salovey, 1989; Contrada *et al.*, 1990) concernant les types de personnalité à risques (comme le type A ou le type C) montrent que ce n'est pas tant ce que les individus « sont généralement », mais plutôt ce qu'ils perçoivent et « font » dans certaines situations aversives qui augmente les risques d'apparition ou d'aggravation de certaines maladies comme les maladies coronariennes ou les cancers. Il faut donc sortir de ces modèles linéaires (cause psychosociale → effet pathogène), trop réducteurs pour rendre compte de l'étiologie multifactorielle des diverses maladies, et considérer l'interaction personne x situation, ce que propose le modèle interactionniste de la *Psychologie de la santé*, dont nous parlerons ultérieurement.

II
TRAITS IMMUNOGÈNES : RÔLE DE L'OPTIMISME

L'optimisme est généralement considéré comme un trait de personnalité et notamment un trait immunogène et le pessimisme comme un trait pathogène. Ainsi, Scheier et Carver, deux psychologues américains, développent depuis plus de 10 ans un modèle de l'optimisme qu'il définissent en 1985 comme une disposition stable des individus à croire en l'issue favorable des événements de leur vie, plus précisément l'optimisme est considéré comme une attente (ou espérance) généralisée de résultats positifs (c'est-à-dire que de bonnes choses vont arriver). Il apparaît que ces concepts sont inhérents aux théories de l'« auto-efficacité » de Bandura (1977) et de la « résignation apprise » de Seligman (1975).

En effet, selon la théorie de l'« auto-efficacité » de Bandura, deux processus cognitifs influencent le comportement des individus : l'attente de résultat (*outcome expectations*, qui concerne la croyance selon laquelle nous pouvons provoquer les changements souhaités grâce aux efforts personnels entrepris) et l'attente d'efficacité (*efficacity expectations*, qui se réfère quant à elle à la conviction que possède l'individu de pouvoir adapter les comportements adéquats). Ainsi, les sujets dépressifs auraient une faible attente de résultat car ils minimisent leurs chances de réussite, et une faible attente d'efficacité car ils évaluent négativement leurs comportements (Beck, 1976).

Seligman partant de ses travaux sur l'impuissance apprise (*learned helplessness*) développe une théorie selon laquelle la dépression est le résultat d'une attente d'impuissance future. Les personnes dépressives s'attendent précisément à ce que des événements négatifs surviennent et pensent qu'elles ne peuvent rien faire pour les empêcher de se produire. La théorie de Seligman prévoit que les individus qui expliquent les événements négatifs en terme de causes internes, stables et globales (je suis coupable, cela va durer éternellement et va affecter tout ce que je fais) auront tendance à être déprimés et à réagir par l'impuissance quand les événements négatifs se produiront.

Peterson *et al.* (1988) ont ainsi testé l'hypothèse qu'un tel style explicatif pessimiste est associé à un risque accru de maladies à l'âge moyen de la vie. Il s'agissait d'une étude longitudinale de 35 ans menée auprès de 99 jeunes hommes choisis au hasard parmi 268 étudiants entrant à l'université. Un questionnaire spécifique évaluant ce style explicatif (CAVE, Content Analysis of Verbatim Explanations) était utilisé. Les résultats ont confirmé l'hypothèse, à savoir que la corrélation entre le style explicatif pessimiste et les troubles de santé (objectifs) augmente avec le temps. Le style explicatif pessimiste prédirait la maladie physique 2 à 3 décennies plus tard (cette prédiction persiste même quand on contrôle l'état de santé physique et psychique initiale des sujets).

D'autres études ont montré que l'optimisme induit un état plus élevé de bien-être. L'optimisme y est évalué par l'échelle de Scheier et Carver, le LOT (Life Orientation Test) dont la version finale à 8 items mesure l'optimisme de façon valide. Ainsi, Scheier *et al.* (1989) montrent sur des patients opérés pour pontage coronarien que l'optimisme affecte nettement l'état physique du patient une semaine et six mois après l'intervention (récupération plus rapide, reprise plus précoce de la marche, ECG de meilleure qualité, et transaminases à des taux plus bas). De même, la recherche de Reker et Wong (1983) sur des personnes âgées (institutionnalisées ou non) montre que les personnes optimistes rapportent deux ans plus tard moins de symptômes physiques et psychiques. Des résultats similaires ont été trouvés par Scheier et Carver (1985) sur des étudiants d'université en période de stress maximum, à savoir que les sujets optimistes rapportent moins de symptômes physiques (chek-list de 39 items) aussi bien au début qu'à la fin de cette période.

Il semble donc que l'optimisme prédit bien l'état de bien-être et le pessimisme l'état de mal-être. Toutefois, la valeur de ces résultats doit être relativisée car les sujets optimistes peuvent nier leurs problèmes de santé ce qui fausse considérablement les résultats obtenus lorsque l'état de santé est auto-évalué, ce qui est par définition le cas du bien-être. Ce biais cognitif est aussi présent dans les études sur la relation entre le pessimisme et le mal-être; en effet, de par une affectivité négative, les sujets pessimistes amplifieraient leurs symptômes.

Si le concept d'optimisme en tant que trait immunogène est séduisant, il convient toutefois d'élucider le mécanisme par lequel il agit sur le bien-être (et de même pour le lien entre pessimisme/mal-être). Peterson *et al.* (1988) proposent plusieurs hypothèses pouvant rendre compte du fait que les pessimistes sont en mauvaise santé :

– Passivité face à la maladie : Peterson et Lynn (1987) ont montré que les étudiants pessimistes qui sont atteints par la grippe et des rhumes ont moins tendance que les optimistes à prendre des mesures simples pour combattre leurs affections tels que dormir plus, réduire les activités, etc. ;

– Inobservance des avis médicaux car, de par leur conduite « helpless », ils ont la conviction que rien ne peut améliorer leur santé et pas même ce que propose le médecin ;

– Négligence de l'hygiène, des soins de base, des consultations médicales ;

– Isolement social de ces personnes : or, un soutien social élevé protègerait du mal-être ;

– Affaiblissement de l'activité immunitaire (immunodépression); en effet, la conduite de résignation et d'impuissance de ces sujets augmenterait l'activité de l'axe hypophysocorticosurrénalien qui déprimerait le système immunitaire. Il a ainsi été démontré que les sentiments d'impuissance qui accompagnent souvent le diagnostic du cancer peuvent entraver le rétablissement des patients (les patientes atteintes d'un cancer du sein qui ont réagi au diagnostic par la colère et un esprit combatif ont eu un meilleur taux de survie que celles qui ont réagi par l'impuissance ou l'acceptation stoïque) (Pettingale, 1985).

D'après ce qui vient d'être dit, il semble donc que les optimistes se différencient des pessimistes par leur façon de s'ajuster, (de faire face) aux événements stressants. Si l'on se réfère au modèle interactionniste présenté antérieurement (et dans lequel nous avions insisté sur cette relation entre stratégies d'ajustement et bien-être/mal-être), cette différence dans les stratégies d'ajustement au stress (ou coping) expliquerait pourquoi les optimistes sont en meilleure santé que les pessimistes.

Scheier *et al.* (1989) ont étudié la spécificité des stratégies de coping des optimistes et des pessimistes chez 54 sujets d'âge moyen (âge moyen = 58 ans), opérés pour pontage coronarien. Ils ont montré que :

– Avant et après l'intervention, ils utilisent plus de stratégies centrées sur le problème telles que rechercher activement des informations, faire des plans pour la période post-opératoire, rechercher plus de soutien social, faire plus de réévaluation positive et ne pas s'attarder sur les aspects émotionnels négatifs (tristesse, nervosité, etc.) ;

– Avant et après l'intervention, les pessimistes se désengagent mentalement et physiquement de la situation, c'est-à-dire utilisent plus de stratégies de coping centrées sur l'émotion telles que la dénégation, et l'évitement comportemental et cognitif pour ne pas penser à ce qu'il leur arrive et les attend.

Il semble donc que les sujets optimistes disposent de stratégies qui impliquent une confrontation avec l'événement stressant, les sujets pessimistes ne reconnaissant pas la réalité de la situation stressante, sont centrés sur la gestion des émotions et ont tendance à abandonner. Les optimistes semblent plus résistants au stress et ne perçoivent pas les situations aversives comme des menaces insurmontables. C'est donc surtout cette différence dans les processus cognitifs et comportementaux d'ajustement aux situations aversives (confrontation/évitement) qui expliquerait les liens entre optimisme et bonne santé et pessimisme et mauvaise santé. Aussi, bien que l'optimisme soit une disposition d'attente favorable généralisée quant à l'issue des comportements, il peut concerner les prévisions spécifiques que fait un sujet dans son interaction avec certains événements. L'optimisme est donc à considérer aussi comme un processus d'ajustement à des situations aversives.

D'autres traits immunogènes : le contrôle perçu, l'endurance, l'estime de soi ; et d'autres traits pathogènes : dépression, anxiété, névrosisme, ont aussi été mis en évidence. Toutefois, certains auteurs se sont demandés si ces traits pathogènes et immunogènes ne se regroupaient pas en deux catégories générales comme l'affectivité négative et l'affectivité positive (Watson et Pennebaker, 1989). Il reste encore beaucoup à faire pour élucider cette hypothèse.

7 *Modèle transactionnel du stress : l'exemple de la psychologie de la santé*

I
PRÉSENTATION DU MODÈLE DE LA PSYCHOLOGIE DE LA SANTÉ

La Psychologie de la Santé est une discipline récente officialisée en 1985 aux USA et en 1986 en Europe sous l'impulsion d'un psychologue universitaire hollandais, Stan Maës qui fonda l'European Health Psychology Society. Depuis quelques années en effet, des chercheurs issus de domaines variés de la Psychologie (Psychologies sociale, clinique, différentielle, médicale, physiologique) ont entrepris l'étude systématique de patients atteints de diverses maladies (troubles cardio-vasculaires, cancers, troubles digestifs, dits « fonctionnels », troubles respiratoires, maladies de la peau et plus récemment infection par HIV) pour mieux connaître la part jouée par les variables psychologiques dans l'étiologie de ces atteintes et pour mieux comprendre l'évolution du processus pathogène (apparition, aggravation, récidive). Selon Matarazzo (1984) premier président de la section américaine, la psychologie de la santé est l'ensemble des savoirs fondamentaux de la psychologie appliqués à la compréhension de la santé et de la maladie. Plus précisément cette discipline consiste en l'étude des facteurs psychologiques, sociologiques, biologiques (et de leur interaction) pouvant rendre compte de l'apparition ou de l'évolution des maladies (cf. Paulhan et Quintard, 1994).

Cette discipline ne renie pas les modèles antérieurs (situationnel et dispositionnel), mais en intègre les apports principaux, tout en proposant des modèles explicatifs *multifactoriels* et *interactionnistes* (Bruchon-Schweitzer, 1994). Ainsi, les caractéristiques de la personnalité sont intégrées dans ce modèle comme des « antécédents » et les événements stressants comme des « déclencheurs », comme le montre la figure 1.

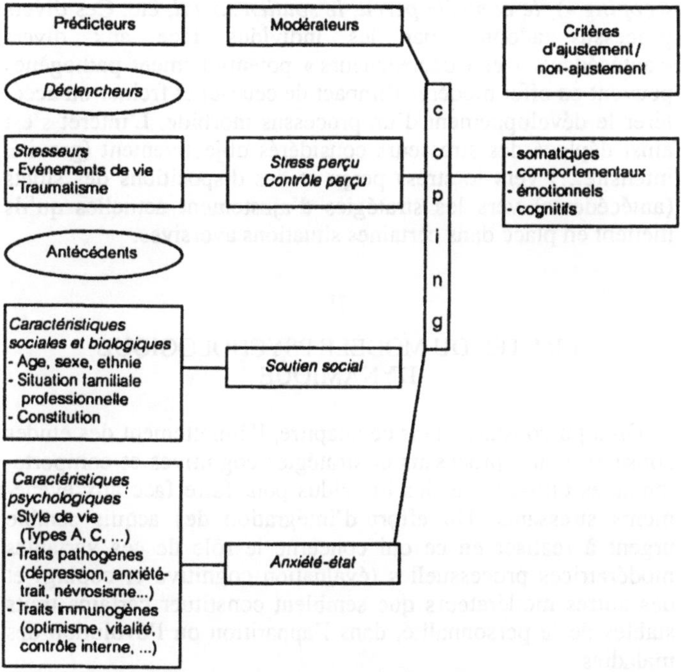

FIG. 1. – *Un modèle interactionniste.*

Ce qui est nouveau dans les modèles que propose la psychologie de la santé est la prise en compte de l'activité des individus, qui, loin de subir passivement certains déterminismes (biologiques, psychologiques, sociaux) adoptent, vis-à-vis des situations stressantes certaines *stratégies perceptives-cogni-*

tives, affectives, comportementales, pour « faire face » à ces événements aversifs. Les travaux en psychologie de la santé montrent en effet que la relation entre les variables prédictives (que représentent les « déclencheurs » et les « antécédents ») et l'état de santé est modérée par des « processus et états transitoires cognitivo-comportementaux et affectifs » tels que le *stress perçu*, les stratégies d'ajustement aux événements (ou « *coping* »), *le contrôle perçu, le soutien social*, etc. Ces divers processus adoptés par les individus face aux divers « antécédents » et « déclencheurs » potentiellement pathogènes peuvent en effet modérer l'impact de ceux-ci et freiner ou accélérer le développement d'un processus morbide. L'intérêt s'est ainsi déplacé des stresseurs considérés objectivement (gravité, intensité...) vers le stress perçu et des dispositions des sujets (antécédents) vers les stratégies d'ajustement actuelles qu'ils mettent en place dans certaines situations aversives.

II

LIMITES DU MODÈLE PSYCHOLOGIQUE DYNAMIQUE

On a pu constater dans ce chapitre, l'émiettement des études consacrées aux processus et stratégies cognitives et comportementales utilisées par les individus pour faire face aux événements stressants. Un effort d'intégration des acquis semble urgent à réaliser en ce qui concerne le rôle de ces variables modératrices processuelles (évaluation cognitive et coping) et des autres modérateurs que semblent constituer certains traits stables de la personnalité, dans l'apparition ou l'évolution des maladies.

Outre ce risque de dispersion, il existe un risque de perpétuer un dualisme implicite si l'on se contente d'une approche purement psychologique de ces mécanismes. Aussi, des modèles systémiques (issus de la psychoneuro-immunologie), intégrant les co-fonctionnements biopsychosociaux, sont indispensables pour comprendre l'étiologie et l'évolution des maladies. C'est pourquoi nous avons jugé nécessaire de les présenter ici.

8 *Modèle interactionniste biopsychosocial du stress*

Il n'est pas dans notre propos ici de détailler les mécanismes physiologiques responsables de cette activation émotionnelle, ni de discuter la façon dont ils déterminent divers troubles organiques. Ce qui nous intéresse est davantage de savoir dans quelle mesure il y a *interaction* entre divers processus psychologiques (évaluation cognitive de l'événement, stratégies comportementales pour faire face à celui-ci ou coping) et physiologiques, interaction qui pourrait rendre compte de l'apparition de diverses pathologies.

I
MODÈLE PSYCHOBIOLOGIQUE DE L'ACTIVATION ÉMOTIONNELLE : l'interdépendance entre le psychologique et le physiologique

Les théories psychologiques du stress, qui ont permis de démontrer que la façon dont l'individu réagit à l'agent stressant n'était pas linéairement dépendante de la gravité objective de celui-ci, mais était modulée par des stratégies cognitives et comportementales, ont été d'un intérêt fondamental pour les physiologistes de l'époque. Ces théories étaient un défi pour l'hypothèse de Selye selon laquelle, la réaction de stress, avec son cortège de libérations hormonales dues à l'activation du système hypophyso-corticosurrénalien, était conçue comme une réponse non spécifique de l'organisme à n'importe quelle demande à laquelle il doit faire face afin de préserver l'homéostasie interne.

Ainsi, divers travaux, dont ceux de Mason (1968) et de Weiss (1972) sur les rats, ont pu démontrer que divers stresseurs physiques : froid, chaud, privation de nourriture, choc électrique... ne stimulaient pas le système hypophyso-corticosurrénalien (responsable de la libération des corticoïdes) quand l'animal pouvait contrôler la situation (faire tourner une roue pour mettre fin au stimulus menaçant). Seul le système sympathique et médullosurrénalien (responsable de la libération des catécholamines : adrénaline et dopamine) était activé. L'hypothèse de Selye était donc battue en brèche. En mettant en évidence un couplage étroit entre la réponse comportementale et son accompagnement physiologique, ces travaux ont permis de faire émerger une orientation psychobiologique du stress. Selon Dantzer (1989a), le modèle le plus simple oppose deux stratégies élémentaires :

– les tentatives pour garder le contrôle, associées à une activation sympathique et médullo-surrénalienne ;

– la résignation, associée à l'activation hypophyso-corticosurrénalienne.

Cette dichotomie réactionnelle opposant l'actif au passif, proposée par Henry (1977), permettait de démontrer que la répercussion d'agressions physiques ou psychologiques sur le système nerveux autonome et le système endocrinien dépend des capacités de contrôle de la situation. Pour les psychobiologistes, tout comportement susceptible de rectifier le déséquilibre physiologique en désactivant le système hypophyso-corticosurrénalien pouvait être considéré comme coping. Ainsi, des indices objectifs de la réponse au stress pouvaient être proposés : les pulsations cardiaques, la pression artérielle (critères de l'activation du système sympathique et médullosurrénalien) et le cortisol présent dans le sang ou les urines (critère de l'activation du système hypophyso-corticosurrénalien) ; et il était désormais possible de vérifier objectivement[2] l'efficacité

2. En effet, interroger le sujet pour apprécier l'efficacité de la stratégie adoptée face aux problèmes rencontrés ne suffit pas toujours. Il peut par exemple, être tenté de surestimer ou, à l'inverse, de sous-estimer la maîtrise qu'il a de la situation.

fonctionnelle de la stratégie de contrôle utilisée sur la diminution de la tension ou de l'anxiété engendrée par la situation.

De nombreux travaux, permettant de tenir compte des possibilités de contrôle (modalité active ou passive) ont été réalisés sur l'homme. Steptoe *et al.* (1985) ont montré que lorsqu'on soumet des volontaires sains à des tests durant lesquels ils maîtrisent la survenue de chocs électriques, ils présentent, en l'absence de tout exercice physique, une activation sympathique avec une augmentation de la fréquence cardiaque et de la pression artérielle. Selon Gunnar (1987) et Dantzer (1989a), cette activation sympathique correspond à la dimension d'*effort*, qui exprime le degré d'implication dans la tâche ainsi que la tension et la concentration nécessaires pour y faire face. Cette dimension d'*effort* s'opposerait à la dimension de *détresse* qui, exprimant le degré d'insatisfaction, d'ennui, d'impatience et d'irritation des sujets, est associée à une activation hypophyso-corticosurrénalienne.

Toutefois, ces deux activations ne fonctionnent pas indépendamment l'une de l'autre, et, bien au contraire, elles sont en étroite interaction. Ainsi, le sujet peut passer du stade d'effort sans détresse, correspondant au contrôle actif, au stade d'effort avec détresse, correspondant au contrôle contrarié, ou encore au stade de détresse correspondant à l'absence de contrôle. Une augmentation du cortisol serait donc attendue dans des situations face auxquelles l'individu reste passif (*résignation*), alors qu'une augmentation des catécholamines le serait dans des situations qui nécessitent un *effort* physique et mental ; celle-ci serait accompagnée d'une augmentation en cortisol dans les cas où l'effort serait contrarié ou ne permettrait pas à l'individu de faire face à la situation menaçante (Engle, 1985).

II

MODALITÉS DE L'INTERDÉPENDANCE ENTRE LE PSYCHOLOGIQUE ET LE PHYSIOLOGIQUE

L'intérêt de ce modèle dichotomique actif-passif est qu'il nous permet de comprendre les raisons de l'interdépendance entre le psychologique et le physiologique et de la relation stress-maladie, qui reposeraient entre autres sur l'interaction entre deux systèmes de commande :

– *un système activateur de l'action*,
– *un système inhibiteur de l'action*.

Le système activateur de l'action organise, principalement, les réactions de fuite et de lutte, ainsi que l'approche active d'une récompense ou des stimuli associés à la récompense. Le système inhibiteur de l'action sous-tend l'inhibition comportementale qui apparaît chez un individu confronté à une punition ou à une situation qu'il ne peut maîtriser et à laquelle il est obligé de se soumettre, ou bien encore à l'absence d'une récompense attendue.

Chacun de ces systèmes correspond à un ensemble de structures nerveuses qui assurent la transmission de l'information à l'intérieur du système nerveux. Ces structures, dont l'organisation est identifiable par la localisation des corps cellulaires, le trajet des fibres et le type de médiateurs qu'elles sécrètent, traversent diverses parties du cerveau pour atteindre certains systèmes physiologiques (*le cœur et les vaisseaux* par exemple). « Le fonctionnement de nombreux organes est donc régulé par le système nerveux et en conséquence, quand le système nerveux ne va pas, la fonction régulée par ce système en pâtit elle aussi » (Dantzer, 1989b, p. 23). « L'hyperactivité prolongée d'un de ces systèmes peut être source de pathologie » (Dantzer, 1989a, p. 27). Ainsi, les maladies coronariennes et les ulcères gastro-duodénaux pourraient être attribués à une hyperactivité du système activateur de l'action. Certains auteurs (Friedman *et al.*, 1974 ; Contrada *et al.*, 1990) ont été tentés de décrire un type de personnalité prédisposé à l'apparition de maladies cardio-vasculaires (*type A*) caractérisé par un ensemble complexe de traits et de processus de personnalité : compétitivité, impatience, hostilité, vigueur des gestes et de la voix, stress perçu comme un défi, stratégies de coping centrées sur le problème. Ce type A serait opposé au *type B* qui présente les caractéristiques inverses (non compétitif, non impatient, etc.). Laborit (1979) fait des maladies psychosomatiques des maladies de l'inhibition de l'action.

D'autres systèmes physiologiques ont été identifiés comme étant aussi sensibles à ces influences psychologiques. C'est le cas des *systèmes neuroendocriniens* et du *système immunitaire*, pour lesquels Mason (1975) a repéré des modifications de leur fonctionnement quand les catécholamines et le cortisol augmentaient. Toutefois, la démonstration d'intercommunications entre le système nerveux et le système immunitaire et de la façon dont le stress affaiblit notre système de défense (la *psycho-neuro-immunologie*), ne date que de quelques années. Il nous a paru particulièrement intéressant de s'y attarder quelque peu, car elle pouvait nous permettre d'étayer l'une de nos interrogations sur la relation entre diverses caractéristiques psychologiques et l'évolution de certaines maladies.

Le cerveau influence le système immunitaire :

En effet, on sait maintenant que les organes lymphoïdes (rate, ganglions, thymus) dans lesquels sont stockés les lymphocytes et globules blancs, sont innervés par des terminaisons nerveuses sympathiques et sont en contact direct avec les médiateurs chimiques sécrétés par ces neurones (Felten, 1985). De nombreuses expériences témoignent qu'il en va bien ainsi. La dénervation de la rate, par exemple, diminue la capacité de synthèse d'anticorps par certains lymphocytes, tandis que l'administration d'agonistes bêta-adrénergiques a l'effet inverse (Dantzer, 1989a; Dantzer et Goodall, 1994). Les cellules immuno-compétentes (cellules phagocytaires, lymphocytes) possèdent sur leur surface membranaire des récepteurs qui ont des caractéristiques biochimiques comparables à celles des récepteurs situés sur les neurones impliqués. Ainsi, selon Dantzer (1989a, 1994), il existe toute une pharmacopée identique dans ces deux récepteurs qui rend capable les cellules immunes de déchiffrer les messages des médiateurs que le cerveau sécrète.

Au vu de ces découvertes, il était tentant d'associer le stress à la diminution des capacités de défense immunitaire de l'organisme. Glaser *et al.* (1986) ont effectivement observé l'apparition d'altérations des réponses immunes (réactivation du virus de l'herpès, par exemple) au cours d'événements de vie dans diverses populations, qu'il s'agisse d'étudiants en période d'examen ou de personnes en période de difficultés conjugales, familiales ou professionnelles. De même, plusieurs études épidémiologiques suggèrent une association entre divers événements stressants et l'apparition ou la progression de certains cancers comme le cancer du sein.

D'autres recherches (inspirées des théories biopsychologiques du stress) ayant démontré que les effets du stress sur les systèmes sympathiques et hypophyso-corticosurrénaliens sont modulés par des variables cognitives et comportementales (capacité de contrôler l'événement), on a supposé qu'il pouvait en être de même pour les effets du stress sur l'immunité. Effectivement, des cellules tumorales inoculées à des souris prolifèrent plus rapidement si les animaux sont exposés à des chocs électriques inéchappables ou dont ils ne peuvent prévoir la survenue. Les souris qui peuvent contrôler les chocs ne diffèrent pas des animaux témoins qui n'y sont pas exposés (Sklar et Anisman, 1979). Des résultats confirmant l'importance de l'impact du contrôle des événements extérieurs sur l'évolution de maladies ont aussi été retrouvés chez l'homme : Greer *et al.* (1979) ont ainsi montré que des stratégies actives d'évitement ou de combativité, chez des femmes atteintes d'un cancer du sein, étaient davantage associées à une bonne évolution de la maladie (moins de récidives) que des stratégies passives d'acceptation stoïque ou de désespoir.

S'il est donc bien établi que des agressions physiques et psychiques peuvent affecter l'immunité, il serait cependant erroné d'en déduire que les effets du stress se manifestent toujours par une immunodépression. En effet, selon Dantzer (1989a), des résultats contradictoires ont été obtenus et dans certains cas, on peut observer des conséquences inverses, à savoir : « une augmentation de la résistance aux agents pathogènes et une stimulation des réponses immunitaires » (p. 225). Une des raisons à cela, évoquée par les psychologues, est que les interactions entre la personnalité et l'environnement sont extrêmement complexes : d'autres variables relevant de traits stables de la personnalité se sont aussi révélées être des modérateurs de la relation stress-immunité. Elaborer un modèle psychologique de prédiction des risques de maladies immunitaires s'avère donc être un travail fastidieux (devant réaliser l'intégration de variables psychologiques multiples : cognitives, comportementales et affectives), non disponible à l'heure actuelle. Un modèle concernant un type de personnalité prédisposé au cancer (*type C*) a été toutefois élaboré (Temoshok, 1987 ; Contrada *et al.*, 1990). Mais ce modèle (présenté précédemment) manque encore de données en sa faveur pour pouvoir être appliqué à l'analyse des relations psychisme-cancer.

Malgré le caractère encore embryonnaire des travaux tentant de relier le psychisme au système immunitaire, il reste indéniable que le système nerveux est capable d'influencer le système immunitaire. Le système immunitaire que l'on a longtemps tenu pour totalement autonome, reçoit donc bel et bien des informations, voire des ordres du cerveau et peut donc être modulé par celui-ci. Mais, pour que la régulation efficace de ce système soit assurée, encore faut-il que le cerveau connaisse son état à tout instant. Un tel raisonnement implique que le système immunitaire soit capable d'informer le cerveau de son état de fonctionnement. C'est dans cette dernière direction que se sont orientées les recherches en psychoneuro-immunologie.

Le système immunitaire influence le cerveau

Selon Dantzer (1989a, 1994), il est possible de montrer l'existence au niveau des cellules de l'immunité de médiateurs susceptibles d'influencer le fonctionnement du système nerveux et donc, de jouer le rôle de messager dans une régulation intersystèmes. Il s'agit essentiellement des médiateurs classiques de l'immunité (cytokines) qui, en plus de leur rôle dans l'activation et la différenciation des cellules immunitaires, exercent une véritable activité hormonale sur le cerveau. En effet, de nombreuses cytokines comme l'interleukine-1, l'interleukine-2 et le facteur d'activation plaquettaire, ont une activité neurotrope se traduisant par des modifications comportementales et psychologiques, ainsi que par une modification de l'état neuroendocrinien. Ces molécules jouent le rôle de signaux dans une boucle de régulation extrinsèque du système immunitaire, qui passe par le cerveau (activation de l'axe hypophyso-corticosurrénalien qui augmente la libération de corticoïdes) et qui intervient dans le contrôle des processus inflammatoires locaux.

Le cerveau coordonnerait donc les réponses à l'infection. La *fièvre* peut en être l'exemple le plus simple. La fièvre n'est pas due à l'action directe des agents infectieux sur les centres thermorégulateurs hypothalamiques : elle passe par la libération de certains médiateurs (cytokines) par les cellules de l'immunité (Kluger, 1991). La fièvre traduit ainsi une défense de l'organisme à un agent pathogène, correspondant à une activation du système immunitaire qui, en retour, informe le cerveau de son état. De l'activation de ce dernier dépend l'apparition des divers symptômes physiologiques, comportementaux et psychologiques de la maladie (production de chaleur, frissons, fatigue, divers comportements passifs : désintérêt par rapport au monde, repli sur soi...). Selon Dantzer (1989a, 1994), le fait que ces modifications de comportement soient contrôlées par les mêmes signaux de communication que ceux qui interviennent dans la réponse immune est le meilleur moyen d'assurer la coordination des différents moyens de défense de l'organisme.

Il semble donc bien établi qu'un modèle unicausal et linéaire soit inadéquat pour décrire le passage de l'événement menaçant à la réaction organique. Il convient de lui substituer la notion d'une mosaïque de réactions (spécifiques de l'activation de certains systèmes) étroitement articulées à des modalités bien précises de réponse comportementale.

Il faut, toutefois, rester prudent dans la tendance à associer l'hyperactivité de tel ou tel système à l'apparition d'une maladie spécifique (par exemple : activation excessive du système activateur de l'action-maladies coronariennes ou activation excessive du système inhibiteur de l'action-maladies du système immunitaire). En effet, comme l'ont suggéré les théories psychologiques du stress, les interactions entre la personnalité et l'environnement sont extrêmement complexes, ce qui ne permet pas à ce jour d'élaborer un modèle général prédisant tous les risques de maladie. Cependant, les interactions réciproques qui unissent le système immunitaire au système nerveux fournissent de nouvelles pistes de recherche pour la prise en compte du psychisme dans une approche globale de la maladie.

III
L'EXEMPLE DU CANCER

Ces modèles interactifs ont certes complètement modifié les hypothèses relatives à l'étiologie des maladies en remplaçant les « causes » classiques telles que les dispositions ou la nature du stresseur (à effet linéaire unidirectionnel) par *des transactions personnes × situations*, mais la psychologie ne peut prétendre à elle seule expliquer les chemins menant à la santé ou à la maladie. Aussi est-il nécessaire d'intégrer dans ces modèles d'autres processus relevant de domaines comme la médecine, la biologie et la neuro-immunologie, pour s'interroger sur les cofonctionnements biopsychosociaux pouvant rendre compte de l'apparition ou de l'évolution de diverses maladies. Quelques travaux encore très rares plaident effectivement pour des cofonctionnements biopsychosociaux spécifiques, notamment en ce qui concerne les maladies coronariennes, certains cancers, l'arthrite rhumatoïde et depuis peu le sida. C'est l'un de ces modèles que nous présentons à la figure 1 à propos du cancer (Contrada *et al.*, 1990). En effet, la durée et la gravité de ces atteintes sont si variables d'un patient à l'autre, que l'hypothèse relative à une source de variation psychologique de la carcinogénèse paraît pertinente (il existe bien sûr d'autres sources de variation : environnement, style de vie, alimentation, prédisposition constitutionnelle, etc., voir Bruchon-Schweitzer, 1994).

Les travaux publiés se référant à ce modèle concernent surtout les cancers du sein, du col de l'utérus et les mélanomes.

Rappelons nous que le système immunitaire, et plus particulièrement l'activité cytotoxique des cellules NK, joue un rôle-clef de protection contre l'initiation et l'évolution du processus tumoral (Levy et Heiden, 1990). L'on sait, par ailleurs, que le système médullo-surrénalien a une fonction activatrice des cellules NK, alors que le système hypophyso-corticosurrénalien exerce une immunodépression (Levy *et al.*, 1989). Enfin, il a été montré d'une part que certaines *cognitions dépressives* telles qu'un sentiment de perte de contrôle, de résignation, ou d'impuissance, et que des *stratégies d'évitement de la situation menaçante* (Temoshok, 1990), sont chacunes associées à une diminution de l'activité des cellules NK ; d'autre part, que ces mêmes cognitions négatives sont étroitement corrélées à une activation de l'axe hypophyso-corticosurrénalien (Levy *et al.*, 1990).

Compte-tenu de ces résultats issus de divers travaux en neuropsychoimmunologie, et des recherches prospectives précédemment citées, Contrada *et al.* (1990), proposent deux voies possibles pouvant expliquer l'initiation ou l'aggravation du processus tumoral :

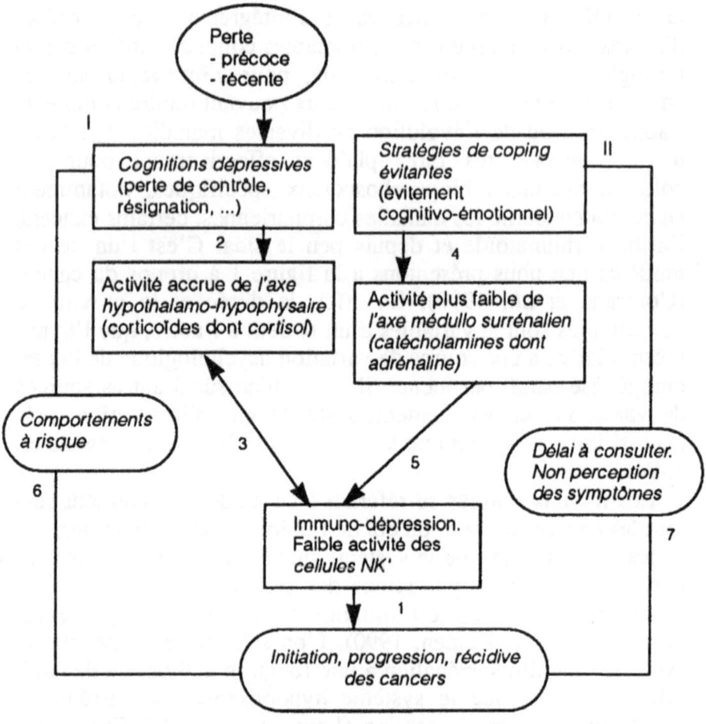

FIG. 1. - *Un modèle interactionniste des cancers (d'après Contrada* et al., *1990).*

– *La première voie prend en compte l'évitement émotionnel et la répression des affects négatifs* au profit d'une expression d'affects positifs. Un tel pattern affectivo-cognitif, s'il est stable dans le temps, induirait en conséquence une activation médullo-surrénalienne plus faible et moins fréquente (flèche 4), avec un appauvrissement consécutif du fonctionnement cellulaire des NK (flèche 5). Cette voie pourrait expliquer les délais parfois longs à consulter après la survenue des premiers symptômes (flèche 7), et dont l'impact direct sur la progression de la maladie n'est plus à démontrer.

– *La deuxième voie concerne les cognitions dépressives* (sentiment d'impuissance, de perte de contrôle, résignation...). Ce pattern, à l'inverse du précédent, accroîtrait l'activité de l'axe hypophyso-cortico-surrénalien (flèche 2) qui induirait à son tour une immunodépression (flèche 3). Un effet plus direct entre cognitions dépressives et carcinogenèse s'exprimerait sous la forme de comportements à risque : alcool, tabac, alimentation, sexualité... (flèche 6). Selon Temoshok (1990), cette deuxième voie (cognitions dépressives face à des événements perçus comme des pertes) serait critique quant à l'apparition de certains cancers, alors que la première (stratégies évitantes) serait plutôt impliquée dans l'évolution ultérieure de la maladie. De plus, ce même auteur formule l'hypothèse d'une interdépendance entre ces deux voies, le style « évitement émotionnel » pouvant ainsi masquer une dépression sous-jacente.

Il importe de souligner que ce modèle de Contrada n'est étayé que partiellement et traduit donc l'expression de deux médiations psycho-oncologiques possibles. Par ailleurs, comme le souligne cet auteur, ce paradigme ne s'applique pas à tous les cancers[3] et divers autres processus peuvent opérer un lien entre les facteurs psychosociaux et neuro-immunologiques (comme le rôle du stress sur les interleukines-2 par exemple), mais la psychologie ne peut prétendre à elle seule expliquer les chemins menant à la santé ou à la maladie.

IV
INTÉRÊT DU MODÈLE BIOPSYCHOSOCIAL

Le stress s'avère donc être un processus plus complexe que ne l'avaient envisagé les modèles simplificateurs des années 60,

3. Les auteurs s'accordent à reconnaître que les cancers du sein, du col de l'utérus et les mélanomes sont particulièrement propices à l'étude psycho-neuro-immunologique du processus de carcinogenèse. En effet, la variabilité de la durée et de la sévérité de ces atteintes est si marquée d'un sujet à l'autre que l'hypothèse relative à une source de variation psychologique de la carcinogenèse paraît pertinente (Bruchon-Schweitzer, 1993 ; Levy *et al.*, 1990).

qu'ils fussent d'inspiration psychanalytique (la psychosomatique) ou d'inspiration physiologique (de type stimulus-réponse), et qui longtemps ont perpétué un dualisme. Depuis une vingtaine d'années, le développement des théories psychologiques du stress, qui considèrent le stress comme un processus dynamique médiatisé par diverses variables psychiques elles-mêmes en interaction : stratégies perceptivo-cognitives et comportementales (stress perçu, lieu de contrôle, soutien social, coping) et divers traits stables de la personnalité (anxiété-trait, dépression, etc.), a en effet permis de rejeter ces modèles réducteurs. Le stress ne pouvait donc plus être envisagé ni comme un stimulus objectivement menaçant, ni comme une réponse émotionnelle linéairement dépendante de celui-ci, et une possibilité de relier le psychique au physiologique pouvait alors être envisagée.

La psychobiologie, en mettant en évidence un couplage étroit entre la réponse comportementale et son accompagnement physiologique (activation d'un système spécifique selon la stratégie comportementale adoptée), a permis de fournir des preuves à cette interdépendance entre le cerveau et le corps. En effet, en même temps qu'elles identifiaient les processus liant le stress à la maladie, l'organisation biologique de ces réponses et les voies pertinentes pour chaque état clinique spécifique, ces études psychobiologiques ont montré que l'intensité des réponses autonomes, neuroendocriniennes et immunitaires aux facteurs de stress potentiels pouvait être modifiée par le type de réaction psychologique adopté. D'où l'hétérogénéité de la réaction au stress qui comprend non seulement les ajustements physiologiques et comportementaux, mais également des modifications des processus affectifs et cognitifs.

Il semble qu'on ne puisse comprendre les réactions des individus face à certains événements qu'en se référant à des processus dynamiques et complexes d'autorégulation (affective, cognitive, comportementale, autonome et immunologique). Le modèle pertinent pour tenter cette compréhension des réactions au stress doit nécessairement être *pluridisciplinaire* réalisant l'intégration des acquis tant au niveau *physiologique* (identification des structures et voies nerveuses impliquées), *psycholo-*

gique (description cognitive et affective de la réaction et identification des variables de personnalité influentes), que *social* (identification autant des éléments potentiellement stressants de l'environnement que du rôle protecteur des contacts sociaux et de l'entourage intime). L'intégration de ces disciplines, qui est l'objectif de la psychologie de la santé, peut constituer un puissant outil d'investigation du rôle des réactions psychologiques au stress dans un cadre clinique, démontrant les effets bénéfiques d'une réaction efficace dans la prévention des maladies ou de leur guérison. Ce qui pourrait permettre de proposer des moyens (spécifiques à certaines maladies mais aussi à certains types de malades) pour améliorer les souffrances physiques et psychiques des patients.

9 *Quelques situations stressantes particulières*

I

DÉSASTRES NATURELS ET ACCIDENTS

Selon Lars Weisaeth (Oslo, 1993), les désastres naturels ont tué plus de 3 millions de personnes dans le monde au cours des 20 dernières années et affecté la vie de 800 millions. Ces calamités incluent : les tremblements de terre, les ouragans, les inondations, les éruptions volcaniques, les incendies, etc. Les populations concernées doivent recevoir rapidement soins, abris, nourriture, et vaccinations contre les épidémies.

Les études psychologiques et psychopathologiques sont encore peu nombreuses. Les conséquences émotionnelles sont pourtant considérables. En effet, Berz (1989) a étudié 109 catastrophes naturelles survenues entre 1960 et 1987. Il a observé que les désastres survenant dans les pays en voie de développement ont tué 758 850 personnes contre seulement 11 441 dans les pays développés. Il est confirmé que le nombre de morts et de blessés est étroitement lié au niveau de développement économique. La plupart des vies auraient pu être sauvées par une organisation et une technologie modernes. En 1987, l'ONU a décrété que les années 90 seraient la décennie de réduction des désastres naturels. L'OMS a mis l'accent sur la préparation et l'entraînement adéquats pour affronter ces catastrophes et pallier leurs conséquences ; le but est que 70 % de tous les pays aient mis au point un plan pour faire face aux aspects sanitaires des situations d'urgence et de désastre, en particulier dans le domaine de la santé mentale. Les Facultés de médecine assurent maintenant un enseignement de Médecine des catastrophes dans le cadre de diplômes d'Université.

Conséquences psychosociales

Le stress collectif massif concerne aussi bien les victimes directes du désastre (les traumatisés par exemple) que les personnes non directement affectées. Pendant l'événement, les sujets font l'expérience de destructions considérables, de pertes importantes, voient de nombreux morts et blessés... Dès les premiers écrits psychiatriques (Pinel, 1809; Esquirol, 1838), est mentionné le rôle pathogène de ces événements, comme par exemple le naufrage de la Méduse. On cite habituellement comme pionnier le suisse Stierlin (1909, 1911) pour ses études sur les grands accidents de chemins de fer ou dans les mines. Après le tremblement de terre de Messine en 1908, il trouva que 25 % de 137 personnes examinées souffraient de troubles du sommeil (cauchemars). Les recherches ultérieures confirmèrent ces données, en particulier le rôle prédisposant des mauvaises conditions sociales et des prédispositions personnelles, pour la psychopathologie post-traumatique.

L'étude de Hesnard (1914) concernait deux navires ayant explosé en 1907 et 1909. C'était la première étude concernant les symptômes de la réponse psychologique post-traumatique. Toutes les études ultérieures ont retrouvé le même tableau. Le stress des sauveteurs, qui peut durer de nombreuses semaines après l'événement, a lui aussi été souvent décrit par la suite. Il faut citer aussi l'explosion de la poudrerie d'Halifax, qui fut la plus importante catastrophe de ce type avec 2 000 morts, 6 000 blessés et d'importants changements sociologiques, rapportée par Prince en 1920.

Conséquences immédiates

Les différents auteurs décrivent de façon semblable « le syndrome de désastre » : absence d'émotions, de réponses aux stimuli extérieurs, inhibition de l'activité externe, présence de comportements immotivés, d'état de sidération. Par exemple, après le tremblement de terre de Skopje (1964), plus de la moitié de la population fut atteinte de stupeur. La réaction de choc peut aussi se manifester par une fuite éperdue incontrôlable ou une agitation intense. Prendre une part active aux opérations de secours représente une façon utile et efficace de surmonter le stress et de minimiser le PTSD (Trouble du Stress Post-traumatique).

Le stress post-traumatique (PTSD) représente un trouble mental inclus et défini dans les DSM-III et DSM-IV. Il a suscité de nombreux travaux dont le plus récent est le rapport du Congrès de Toulouse en mai 1994 (Briole, Lebigot *et al.*).

Morbidité psychiatrique post-désastre

Le taux de morbidité atteindrait jusqu'à 20 à 50 % dans l'année qui suit l'événement : le PTSD vient au premier rang suivi par les états dépressifs. L'anxiété, elle aussi présente, peut s'accompagner d'irritabilité et d'agressivité. Le PTSD décroît avec le temps : 36 % au septième mois, 27 % à deux ans, 22 % à 3 ans, 19 % à 4 ans, par exemple pour le groupe le plus exposé à l'explosion d'une usine ; le groupe le moins exposé a dans le même temps baissé de 4 % à 3 %. Le PTSD retardé est une notion classique mais il semble rare en cas de désastre soudain et de traumatisme bref.

Parmi les nombreuses études rapportées par Weisaeth (1993), celle de Léopold et Dillon montre que, chez des marins ayant survécu à une collision-explosion de leur bateau, 71 % conservent une altération mentale 4 ans après. A noter cependant que ces marins avaient servi en temps de guerre auparavant, ce qui les exposait à un stress post-traumatique chronique. Il existe quelques suivis à long terme : Ploeger (1977) trouve un changement chronique de personnalité des survivants 10 ans après un accident de mine, et Green *et al.* (1990), 44 % de PTSD 2 ans après, et 28 % 14 ans après l'accident de Buffalo Creek (voir détail *in* Pelicier, 1984). Les PTSD les plus longs semblent correspondre aux expériences initiales les plus traumatisantes (risque vital intense et prolongé, perte de parents ou de proches, etc). A propos de Buffalo Creek, Pelicier (1984) souligne l'aspect judiciaire du désastre puisque 654 survivants se sont constitués partie civile, que les avocats ont recruté des experts psychologues, psychiatres et sociologues, et puisque la Justice a fait dédommager non seulement les survivants mais encore des sinistrés qui n'étaient pas présents dans la vallée lors du désastre, apportant ainsi une extension considérable à la notion de traumatisme.

II
DEUIL

Le deuil est une expérience quasi universelle. Il occupe le premier rang dans les échelles d'événements de vie (Holmes et Rahe, 1967 ; Paykel, 1971 ; Brown, 1973, etc.). Dans le DSM-III-R (1987), le stress psychosocial le plus sévère (« catastrophique ») correspond au suicide du conjoint, à la mort d'un enfant, ou à une catastrophe naturelle. La mort du conjoint est classée comme événement aigu de « gravité extrême ».

En France métropolitaine par exemple, pour une population de 45 850 910 personnes âgées de plus de 15 ans il y a 3 891 341 veufs. Il y a 5 fois plus de veuves que de veufs (3 258 286 contre 633 055). Il s'agit d'une population âgée, la grande majorité au-delà de 60 ans.

A la suite de Abraham (1911), Freud (1917), Klein (1936), les psychanalystes font du deuil le modèle psychodynamique de la dépression (la perte d'objet). Plus récemment, des études en population générale ont permis de faire l'histoire naturelle du deuil (Parkes, Clayton, Raphael, etc.). On décrit généralement 3 étapes dans l'évolution d'un deuil :

1/ La phase d'impact ou période de choc avec stupéfaction, hébétude, anesthésie affective durant quelques heures à quelques jours.

2/ La phase de dépression avec repli sur soi, regrets nostalgiques, protestation, désorganisation. Cette période correspond au « travail de deuil » proprement dit. Les symptômes d'une dépression (souvent avec irritabilité et agitation) peuvent être au premier plan. Cette période peut durer jusqu'à 6 mois environ.

3 / Phase de récupération, guérison, restitution.

Le « deuil non compliqué » a été défini par le DSM-III comme une « situation non-attribuable à un trouble mental, motivant examen ou traitement... ». Il s'agit d'une réaction normale, malgré l'existence d'un syndrome dépressif complet. Il ne devient pathologique que si l'on peut noter des idées d'indignité, un délire, un ralentissement psychomoteur marqué, un handicap fonctionnel prolongé, une culpabilité envahissante, des ruminations suicidaires, etc. Il s'agit alors d'un « deuil compliqué ». Il survient le plus souvent dans les 2 ou 3 premiers mois après le décès. Il s'agit d'un trouble mental à traiter comme tel. On décrit d'autres formes encore de « deuil pathologique » : deuil absent ou retardé, deuil prolongé, deuil intensifié, deuil masqué, etc.

On a beaucoup écrit sur les conséquences médicales et psychiatriques du deuil. La plupart des études sont fautives au plan méthodologique. On a cru montrer l'augmentation des maladies physiques, de la mortalité, des suicides, après le décès d'un conjoint. D'autre part, les « deuils psychiatriques » sont une notion classique mais mal documentée. Elle a été récemment reprise par Hanus (1994) qui décrit des deuils hystériques, obsessionnels, mélancoliques, maniaques, délirants, etc.

La psychologie quantitative offre peu d'échelles spécifiques pour la mesure de la détresse du deuil. Nous citerons le Texas Inventory of Grief (TIG) de Faschingbauer et col. (1977), la forme révisée, ou TRIG (1981), traduite et validée en français (Paulhan et Bourgeois, 1995), le *Grief Experience Inventory* de Sanders (1979), etc.

Les travaux de Parkes à Londres, de Clayton à Saint Louis, de B. Raphael en Australie, et ceux plus récents de Zizook *et al.* à San Diégo, ont permis de décrire les symptômes observables pendant la première année du deuil (cf. Bourgeois, 1994).

TABLEAU. - *Fréquence des symptômes dépressifs aux 1er et 13e mois après le décès Clayton et Davish, 1979).*

Symptômes	1 mois (en %) (n = 149)	13 mois (en %) (n = 149)	
Pleurs	89	33	S*
Troubles du sommeil	76	48	S
Baisse de l'humeur	75	42	S
Perte d'appétit	51	16	S
Fatigue	44	30	S
Perte de mémoire	41	23	S
Perte d'intérêt	40	23	S
Troubles de concentration	36	16	S
Amaigrissement (> 2,25 kg)	36	20	S
Culpabilité	31	12	S
Agitation inquiétude (N = 89)	48	45	NS
Variation diurne inversée	26	22	NS
Irritabilité	24	20	NS
« Quelqu'un à blâmer »	22	22	NS
Variation diurne	17	10	NS
Désirs de mort	16	12	NS
Désespoir (*hopeless*)	14	13	NS
Hallucinations	12	9	NS
Idées suicidaires	5	3	NS
Peur de perdre la raison	3	4	NS
Tentatives de suicide	0	0	NS
Idées d'inutilité (*worthlessness*)	6	11	NS
Colère contre la mort	13	22	S
Syndrome dépressif	42	16	S

**S : Significatif.*

III

HOSPITALISATION ET INTERVENTIONS CHIRURGICALES

Diversité des événements hospitaliers stressants.

Il peut paraître banal de dire que la perspective d'une hospitalisation suscite diverses *représentations* ou *fantasmes* qui traduisent

des *craintes*, pas toujours objectives, suscitées par ce monde étrange et menaçant que représente l'hôpital (Bury, 1967). Ainsi en témoignent les fantasmes, que cite Burner (1974), d'une malade de 42 ans à la veille de son hospitalisation : « La crainte de mourir à l'hôpital, loin de sa famille ; la crainte d'une maladie grave, notamment le cancer ; la crainte d'interventions douloureuses et répétées ; la crainte d'une hospitalisation de longue durée ; la crainte d'avoir à subir des soins devant tout le monde et d'être exposée au regard des autres malades et des étudiants, sans souci de préserver sa décence de malade ; la crainte d'être prise pour un cobaye avec le risque que l'on expérimente de nouvelles techniques de traitement et notamment de nouveaux médicaments qui ne pourraient avoir que de fâcheuses conséquences. » Chez tous, ce sentiment de danger pour sa vie, son intégrité et sa liberté est lié, à des degrés divers, à la crainte d'être livré, désarmé, à des soignants indifférents, anonymes, à la fois tout-puissants et incompétents ; c'est d'ailleurs ce que semble signifier la phrase si fréquemment entendue : « on sait quand on entre à l'hôpital, mais on ne sait pas quand on en sort. »

Lorsqu'elle n'est plus imaginée mais vécue, c'est-à-dire lorsque le patient passe des fantasmes à la *réalité*, l'hospitalisation comporte effectivement divers événements stressants auxquels le sujet devra faire face et qui selon Gunn-Sechehaye (1986), peuvent être regroupés comme suit :

- *Une perte de l'indépendance*, plus ou moins *soudaine*, suivant les conditions d'installation de la maladie ou les circonstances de l'accident, et plus ou moins *complète* suivant l'atteinte des fonctions motrices ;
- *Une perte de contact avec l'entourage familial, social et professionnel* pouvant être ressentie comme une situation d'*étrangeté* et d'*abandon* ;
- *L'installation dans un état de régression :* en entrant à l'hôpital, qui plus est dans un lit, le malade est pris en charge par une équipe soignante qui s'occupe de lui et décide de tout ;
- *Une succession d'investigations et traitements plus ou moins pénibles*, qui vont des prises de sang multiples à l'intervention chirurgicale majeure, en passant par des ponctions diverses, des endoscopies, des investigations radiologiques… le patient étant souvent balloté d'une épreuve à une autre sans comprendre toujours « où, pourquoi et comment ». Contrairement à ce que semblent croire certains soignants, plus ces actes sont fré-

quents, plus ils épuisent les ressources d'énergie des patients et moins ils deviennent tolérables : en bref, « plus ça dure, plus c'est dur ».

Evaluer ces divers stresseurs hospitaliers a été l'objectif de nombreux travaux. Ainsi, Volicier *et al.* (1975) ont construit une *échelle d'évaluation du stress hospitalier* (HSRS) composée de 49 événements en relation avec l'hospitalisation. En proposant à des patients opérés et à des médecins hospitaliers de classer ces nombreux événements, il est apparu que ceux-ci n'étaient pas équivalents entre eux, c'est-à-dire qu'ils n'étaient pas perçus de manière identique. Les situations médicales les plus stressantes semblent concerner (par ordre décroissant) :

- *penser que l'on peut perdre la vue ;*
- *croire que l'on peut avoir un cancer ;*
- *savoir que l'on a une maladie grave ;*
- *ne pas être informé du diagnostic ;*
- *ne pas connaître les résultats ou les raisons des traitements administrés ;*
- *ne pas obtenir de médicaments contre la douleur si l'on en a besoin ;*
- *être séparé de sa famille ;*
- *ne pas obtenir de réponses posées au personnel soignant ;*
- *être hospitalisé loin de chez soi ;*
- *savoir que l'on va avoir une opération.*

Ces auteurs concluent que les événements qui peuvent être directement imputables au *comportement du personnel hospitalier* (manque de communication, d'information de n'importe quel membre de l'équipe médicale) étaient perçus comme les plus stressants.

Des résultats identiques ont été trouvés par Van der Plœg (1988). A partir de plusieurs manuels médicaux et d'interviews de patients et de médecins, il établit une liste de 94 procédures médicales qu'il proposa à un échantillon de 250 personnes pris au hasard dans la population de Leyde, aux Pays-Bas. Les événements les plus stressants furent les suivants (par ordre décroissant) :

- *la douleur ;*
- *ne pas pouvoir parler de ses problèmes ;*
- *informations jugées insuffisantes ;*
- *avoir une extraction de dent ;*

– *l'admission à l'hôpital ;*
– *une intervention chirurgicale ;*
– *les blessures ouvertes ;*
– *les effets secondaires des médications ;*
– *parler de la mort ;*
– *les anesthésies, etc.*

Après réduction de la liste initiale aux 54 items les plus stressants, une analyse factorielle donna les cinq facteurs suivants :
– *intervention chirurgicale ;*
– *aspects de la communication et de l'interaction avec les soignants ;*
– *examens physiques ;*
– *médication ;*
– *examens dentaires.*

Afin d'étudier les aspects des relations entre l'intensité du stress médical et la fréquence de son apparition sur les douze derniers mois, une seconde étude fut réalisée auprès de 292 sujets pris au hasard. Il était demandé à chaque personne si elle avait été confrontée à un ou plusieurs des 54 événements de la liste et si oui, d'indiquer pour chacun, sa fréquence d'apparition (sur une échelle de 4 points) et l'intensité du degré de tension, menace ou anxiété qu'avait suscité cet événement (échelle de 4 points). Bien que les événements les plus menaçants correspondent à des *situations de recours médical d'urgence* (admission, opération d'urgence, sollicitation d'une ambulance...), les corrélations les plus fortes entre intensité et fréquence concernent principalement les stresseurs suivants :
– tous les stresseurs de la catégorie *communication* (« avoir le sentiment que le médecin n'écoute pas », « informations insuffisantes sur la maladie et le traitement », etc.) ;
– *attendre les résultats d'un examen médical ;*
– *éprouver une douleur ;*
– *attendre une opération et être anesthésié».*

Weinman *et al.* (1988) utilisent le terme de « procédure médicale stressante » pour désigner cette grande variété de stresseurs hospitaliers. Selon ces auteurs, on peut en distinguer deux catégories :
– ceux liés à la *procédure médicale* (« procedural-stress ») qui font référence au caractère désagréable immédiat de la procédure elle-même (examens exploratoires, traitements, etc.) ;

– ceux liés à l'*issue de la procédure* (« issue-stress ») qui désignent les craintes et les soucis à plus long terme en rapport avec le devenir de la maladie, l'issue du traitement ou le risque de découvrir une maladie grave.

Dans le souci d'objectiver les craintes suscitées par une brûlure grave, nous avons tenté d'identifier les principaux événements que redoutaient les patients brûlés hospitalisés (Paulhan, 1992). Cette étude nous a permis de mettre en évidence les *craintes* suivantes :

- celles qui font référence à des *menaces actuelles :* la mort, la douleur, les soins (pansements-bains), le personnel soignant (son anonymat) ;
- celles qui font référence à des *menaces à plus long terme :* le handicap esthétique, le handicap fonctionnel, les modifications des relations familiales (rejet du conjoint ou des enfants), les modifications des relations sociales (rejet des amis), la perte d'emploi.

L'évaluation de la fréquence d'apparition de ces diverses craintes nous a permis d'ordonner ces événements par ordre décroissant d'apparition :
1 : *la douleur* (85 % des sujets) ;
2 : *les soins* (80 %) ;
3 : *le handicap esthétique* (75 %) ;
4 : *le handicap fonctionnel* (65 %) ;
5 : *les modifications des relations familiales* (55 %) ;
6 : *les modifications des relations sociales* (50 %) ;
7 : *la mort* (35 %) ;
8 : *la perte d'emploi* (15 %) ;
9 : *le personnel soignant* (10 %).

En accord avec les travaux cités précédemment, on peut constater aussi que la douleur et les soins (particulièrement le pansement-bain) sont les événements stressants les plus fréquemment évoqués chez les malades brûlés hospitalisés. Toutefois, d'autres craintes presque aussi intenses mais plus spécifiques à la brûlure ont pu être identifiées : le handicap esthétique ou fonctionnel, les modifications des relations familiales ou sociales.
Intérêt et limite de ces travaux : Ces études présentent plusieurs aspects intéressants. Elles permettent à la fois d'objectiver le caractère stressant que représente une hospitalisation et de mettre

en évidence que les événements hospitaliers stressants ne sont pas tous équivalents ni quant à leur fréquence d'apparition ni quant au degré de crainte qu'ils suscitent d'un patient à l'autre (Volicer *et al.*, 1975 ; Van der Plœg, 1988). En effet, ces événements n'ont pas d'impact « mécanique » sur les individus qui les perçoivent différemment selon leur âge, leur sexe, leurs expériences antérieures de maladies et d'hospitalisation, certaines caractéristiques de leur personnalité d'une part, et selon certaines stratégies cognitivo-comportementales d'autre part (Sechehaye, 1986 ; Van der Plœg, 1988).

Anxiété pré-opératoire

L'anxiété pré-opératoire est un état fréquemment observé. Ces réactions émotionnelles, le plus souvent transitoires, correspondent à une réaction de défense normale, inconsciente ou subconsciente, manifeste ou latente vis-à-vis d'un événement qui déborde les modalités d'adaptation habituellement utilisées par l'individu. De par les menaces qu'elle implique (risque vital, atteinte à l'intégrité corporelle...), l'intervention chirurgicale peut représenter cet événement. Ainsi, actuellement, nul doute qu'une intervention chirurgicale, n'apparaisse pour le sujet concerné comme un événement stressant. Les menaces qu'elle représente tant sur le plan physique que psychique, induisent un état anxieux variable d'un individu à l'autre. Si pour certains patients cette anxiété témoigne d'un processus d'adaptation aux contraintes ou aux conséquences de la maladie, elle peut dans certains cas échouer dans sa finalité initiale et promouvoir l'installation d'un processus inefficient (ou débordé par l'ampleur de la tâche défensive) qui entrave considérablement la guérison (Scott *et al.*, 1983 ; Consoli, 1987).

Si de nombreux auteurs ont pu mettre en évidence que l'*anxiété-état* manifestée avant une opération est un *prédicteur* du rétablissement post-opératoire, d'autres prétendent qu'il existerait une relation *curvilinéaire* entre l'anxiété-état (la peur) avant une intervention chirurgicale et le rétablissement post-opératoire. Une anxiété très élevée mais aussi très faible avant une opération induisant significativement un rétablissement post-opératoire peu satisfaisant. Les patients chirurgicaux qui présentent un niveau modéré d'anxiété pré-opératoire se rétabliraient plus rapidement, avec peu de douleur et de complications (Janis, 1958 et

Spielberger *et al.*, 1973). Ces auteurs expliquent qu'une anxiété-état modérée avant une opération facilite sans doute le « travail d'inquiétude » (« work of worrying ») c'est-à-dire, « une préparation interne qui rend possible des actions effectives au moment où le stress est éprouvé ». Les patients qui manifestent une telle anxiété sont ceux qui anticipent avec le plus de réalisme la situation stressante à venir (l'opération), sans dramatisation excessive mais aussi sans déni irréaliste.

A l'opposé, certains auteurs, loin de retrouver cette relation curvilinéaire entre l'anxiété-état pré-opératoire et l'adaptation ultérieure, constatent que l'anxiété-état pré-opératoire détermine *linéairement* et *négativement* le degré d'ajustement ultérieur du patient (Martinez-Urrutia, 1975 ; Sime, 1976 ; Scott *et al.*, 1983 ; Johnston, 1988). Ainsi, les patients chirurgicaux présentant une anxiété-état élevée avant l'intervention sont ceux qui consomment le plus d'antalgiques et qui ont la durée d'hospitalisation la plus longue.

Il est par contre communément admis qu'un degré d'*anxiété-trait* élevé (caractéristique permanente de la personnalité) soit un bon prédicteur du stress hospitalier et induise :

- une anxiété-état pré-traitement plus élevée (Spielberger *et al.*, 1973) ;
- une perception plus exacerbée de la situation stressante et une attention plus sélective aux stimuli menaçants (Field *et al.*, 1985) ;
- une consommation d'antalgiques plus importante (Scott *et al.*, 1983 ; Van der Plœg, 1988) ;
- des répercussions émotionnelles ainsi que des difficultés d'ajustement à l'hospitalisation plus intenses : augmentation de l'anxiété-état, de la douleur et des complications post-traitement (Scott *et al.*, 1983 ; Johnston, 1988).

Ainsi, quelle que soit la nature de l'anxiété manifestée lors d'une hospitalisation (anxiété-état ou réactionnelle, anxiété-trait), il y a une nécessité à réduire celle-ci, si l'on veut faciliter le processus de guérison.

Facteurs sociobiographiques influençant l'ajustement aux stresseurs médicaux hospitaliers

Selon nos précédents chapitres, il apparaît que toute maladie nécessitant une hospitalisation ou intervention chirurgicale représente un événement stressant susceptible de déclencher un état de détresse pouvant entraver l'ajustement du patient à la maladie (ou à l'intervention chirurgicale) et à l'hospitalisation et freiner la guérison. Toutefois, la littérature consultée à ce sujet mentionne que l'intensité des réactions émotionnelles varie d'un individu à l'autre et ne semble pas linéairement dépendante de la gravité de la pathologie. En effet, outre certains traits de personnalité (optimisme, affectivité négative, etc. ; cf. chapitre VI) et certains processus cognitifs et comportementaux (stress perçu, coping, etc. ; cf. chapitres IV et V), des *facteurs « personnels »* tels que les facteurs sociobiographiques, les antécédents médicaux, les caractéristiques psychologiques antérieures, joueraient aussi un rôle dans l'ajustement aux stresseurs médicaux et hospitaliers.

Les facteurs sociobiographiques. – Van der Plœg (1988) a étudié la relation entre le *niveau d'anxiété induit par différentes procédures médicales* (« attendre une intervention chirurgicale », « communication avec les soignants », « éprouver une douleur », « attendre les résultats d'un examen médical ») et les variables âge, sexe et niveau d'éducation pour une population de 93 personnes prises au hasard dans la population de Leyde, aux Pays-Bas (52 hommes, 41 femmes, d'âge moyen : 40 ans). Les résultats indiquent que :

- Le type de procédure médicale le plus anxiogène varie d'un sexe à l'autre : en effet, les procédures les plus redoutées par les femmes concernent la « communication » avec les soignants (« ne pas recevoir d'explications sur le traitement », « ne pas avoir un médecin compétent », « avoir des informations insuffisantes »), tandis que les hommes redoutent davantage les procédures relatives à la « crainte physique » (« les examens », « l'intervention chirurgicale ») ;
- Le score total d'anxiété induite par les diverses procédures médicales varie significativement selon l'âge et le sexe : les femmes ainsi que les personnes jeunes (- de 40 ans) ont un score d'anxiété significativement plus élevé que les hommes ou les personnes plus âgées, le groupe de femmes âgées de moins de 40 ans présentant les scores les plus élevés d'anxiété. Le niveau d'études n'a pas d'influence significative sur le score d'anxiété.

Schmidt (1988) a étudié la relation entre ces mêmes variables sociobiographiques et l'*intensité de l'anxiété pré-opératoire* chez

47 adultes hospitalisés. Des résultats similaires à ceux de Van der Plœg ont été trouvés, à savoir que le niveau d'études ne semble pas être en relation avec l'intensité de cette anxiété et que les femmes sont significativement plus anxieuses que les hommes. De la même façon, une relation négative est apparue entre l'âge et le score d'anxiété. De leur côté, Scott *et al.* (1983) ont étudié l'impact de diverses données démographiques (âge, sexe, statut marital, niveau socioéconomique, niveau d'études) sur le score d'anxiété pré-opératoire et l'*intensité de la douleur post-pératoire* chez 48 patients (9 hommes et 39 femmes, âgés de 21 à 73 ans) hospitalisés pour une opération de la vésicule biliaire. Aucune relation entre le sexe, le niveau d'études ou le niveau socioéconomique et l'intensité de l'anxiété pré-opératoire et de la douleur post-opératoire, n'a été trouvée. Mais, comme dans la recherche de Schmidt (1988), l'âge apparaît ici négativement et significativement corrélé avec l'intensité de ces scores. Dans une autre étude, Borgert et Schmidt (1988) ont étudié la relation entre l'âge, le statut socioéconomique et l'intensité de l'anxiété et de la dépression chez 54 patientes âgées de 30 à 60 ans, la veille d'une hystérectomie. Des différences significatives entre les divers statuts socioéconomiques ont été mises en évidence. En effet, les femmes les plus stables émotionnellement sont les femmes salariées habitant un quartier résidentiel. A l'opposé, les femmes les plus instables sont les femmes de ménage ou de bas statut social. D'autres études mentionnent l'impact significatif des variables âge, sexe et statut socioéconomique sur *la douleur post-opératoire.* Ainsi, Merskey *et al.* (1967) montrent que l'intensité des plaintes douloureuses dans une unité de soins médicaux varie dans le même sens que le statut socioéconomique des patients. Woodrow *et al.* (1972) rapportent que les femmes et les patients âgés sont les plus sensibles à la douleur (seuil de douleur plus bas). Pour Sternbach (1975), le niveau socioculturel affecte négativement le niveau de tolérance à la douleur.

De nombreux travaux ont étudié l'impact de certaines de ces variables sociobiographiques sur le *degré de satisfaction ressentie par rapport aux soins médicaux reçus.* Hall *et al.* (1990) proposent les résultats d'une méta-analyse de 230 travaux qui ont étudié cette relation pour diverses pathologies, exceptées les pathologies psychiatriques. Les résultats montrent des différences significatives entre la satisfaction envers les soins médicaux et les caractéristiques sociobiographiques suivantes :

– l'âge : les patients âgés sont plus satisfaits que les jeunes adultes ;
– le sexe : les hommes sont plus satisfaits que les femmes ;
– le statut social : les patients de haut statut social sont plus satisfaits que les patients de bas statut social.

Toutefois, l'intensité des réactions anxieuses ou douloureuses n'est pas le seul témoin du mauvais ajustement à la maladie ; le type de stratégie comportementale utilisée en est tout autant révélateur. D'autres recherches ont alors étudié la relation entre ces caractéristiques sociobiographiques et les *stratégies comportementales d'ajustement* utilisées par les patients pour faire face à une maladie ou à une intervention chirurgicale. Ainsi, en étudiant la relation entre le sexe, l'âge, le statut socioéconomique et l'intensité de l'anxiété pré-opératoire, Schmidt (1988) a mis en évidence une relation significative entre le sexe et diverses stratégies comportementales utilisées par les patients avant l'intervention chirurgicale (utilisation des croyances religieuses, recherche active d'informations sur l'intervention, évitement). Il est apparu que les femmes utilisaient significativement plus de stratégies comportementales passives telles que l'évitement ou les croyances religieuses que les hommes ; ceci pourrait expliquer pourquoi elles sont plus anxieuses. Des résultats similaires ont été obtenus par Viney *et al.* (1982) chez 89 patients hospitalisés pour diverses affections chroniques. Les caractéristiques sociobiographiques étudiées étaient l'âge, le sexe, le statut social, le niveau d'études et le statut marital. Les résultats montrent que ces variables (excepté l'âge) sont significativement associées au type de stratégie comportementale utilisées. En effet, les stratégies passives de résignation ou de fatalisme sont davantage utilisées par les patients célibataires, de bas niveau d'études ou de faible statut social. A l'opposé, les stratégies actives (recherche de soutien, d'informations, optimisme) sont significativement plus utilisées par les patients mariés, de niveau d'études élevé ou de haut statut social. Les stratégies d'évitement (déni, distraction cognitive) sont significativement plus adoptées par les femmes que par les hommes. A l'inverse des résultats de ces études qui n'indiquent pas de relation significative avec l'âge, Haug (1981) révèle que les patients âgés adoptent plus volontiers des attitudes passives face aux soins médicaux.
Bien que les résultats de ces divers travaux ne soient pas toujours

concordants (pour l'âge, par exemple), il ne fait aucun doute que ces caractéristiques influencent l'ajustement des patients à la pathologie et à divers stresseurs hospitaliers (manque d'information, intervention chirurgicale, par exemple). En effet, les états anxieux et douloureux sont significativement plus intenses chez les femmes et les patients de bas statut social, probablement parce qu'ils utilisent davantage des stratégies comportementales passives (fatalisme, résignation).

Les antécédents médicaux physiques et psychologiques. – Van der Plœg (1988) a fait l'hypothèse que des *expériences antérieures d'événements médicaux* influencent l'anxiété suscitée par diverses procédures médicales (admission d'urgence à l'hôpital, intervention chirurgicale, peur d'avoir une maladie grave, etc.). Les résultats montrent que les sujets qui ont eu des expériences de situations médicales associées à une *menace physique* (admission d'urgence à l'hôpital, opérations, traitement d'urgence par un médecin généraliste, par exemple), présentent des niveaux d'anxiété significativement plus élevés que ceux qui n'ont pas connu d'expériences de ce type. De même, les situations associées à une *menace psychologique* (peur d'une maladie grave, attente des résultats d'un examen médical, manque de communication avec le médecin, par exemple) suscitent significativement plus d'anxiété chez les sujets qui ont connu de telles expériences que chez ceux qui n'en ont pas connu.

Des résultats similaires ont été obtenus par Scott *et al.* (1983) chez 48 patients hospitalisés pour une opération de la vésicule biliaire (9 hommes et 39 femmes âgés de 45 ans en moyenne : 21 à 70 ans). Ces auteurs ont étudié l'influence des *expériences chirurgicales antérieures* sur l'anxiété pré-opératoire et sur la douleur post-opératoire. La comparaison de deux groupes de sujets, l'un constitué de patients n'ayant jamais eu d'intervention chirurgicale, l'autre constitué de patients ayant subi au moins une intervention, a permis de conclure que la variable « expériences antérieures d'opération » est un prédicteur des troubles de l'ajustement des patients opérés. En effet, l'anxiété pré-opératoire, la douleur post-opératoire et la consommation d'analgésiques sont significativement plus élevées chez les patients ayant déjà vécu des interventions chirurgicales. Toutefois, Gunn-Sechehaye (1986) précise que c'est surtout la qualité du vécu des expériences antérieures de maladie ou d'hospitalisation qui prédit l'adaptation des patients. Ainsi, selon cet auteur, il est évident qu'il est moins difficile d'envisager un séjour hospitalier lorsqu'une expérience d'hospitalisation antérieure vous laisse de « bons souvenirs », que lorsqu'elle s'est mal passée.

Andreasen *et al.* (1972) montrent l'influence des *antécédents psychiatriques* sur l'intensité des troubles de l'ajustement de 32 brûlés hospitalisés, âgés de 20 à 55 ans : les brûlés bien ajustés ne présentent pas d'antécédents psychiatriques graves. A l'inverse, les brûlés mal ajustés présentent majoritairement avant la brûlure des troubles psychiatriques graves, constitués essentiellement de dépressions, d'alcoolisme chronique, de troubles de la personnalité, voire de schizophrénie. Des résultats similaires ont été rapportés par de nombreuses recherches (Paulhan, 1992).

Un passé riche en stress de toutes sortes (accidents ou graves maladies, problèmes conjugaux, professionnels et financiers) associé à une fragilité psychique pré-existante (antécédents psychiatriques) contribue à prédire l'apparition et l'intensité des troubles de l'ajustement des brûlés hospitalisés (Andreasen *et al.*, 1972).

IV

STRESS PROFESSIONNEL ET « BURN-OUT SYNDROM »

Stress professionnel

Le travail peut être vécu comme une contrainte, un asservissement ou une malédiction, tout autant qu'un droit, un privilège et une joie. Pour Voltaire, il met à l'abri du besoin, du vice et de l'ennui. Il est un élément important de la santé mentale, source de stress ou d'épanouissement.

On s'est d'abord soucié des risques de maladies et d'accidents inhérents à certaines professions. C'est plus récemment que l'on s'est intéressé à la dimension de risques psychopathologiques. Les stresseurs objectifs les plus notables sont : la dangerosité du métier et les risques d'accident, le bruit (qui a été largement étudié), les excès de chaleur, de froid, d'humidité, les pressions, la pollution, le rythme de travail (3/8 et le travail posté), etc.

Le stress subjectif concerne essentiellement : le rôle et l'image professionnelle, le contrôle et la responsabilité, le degré de participation et de décision, les relations interpersonnelles, etc.

Le chômage est à nouveau à l'ordre du jour (en effet, son étude a été négligée jusqu'à la fin des années 1970). Des chômeurs, comparés à un groupe contrôle de travailleurs et à eux-mêmes après reprise d'un travail, avaient présenté une hypertension artérielle en particulier diastolique pendant les périodes de perte d'emploi.

Les effets observés de ces stresseurs sur l'individu sont très diversifiés (Holt, 1993) :

- *somatiques :* maladies cardio-vasculaires, ulcères, céphalées, maladies de peau, etc. ;
- *psychologiques :* dépression, anxiété, alcoolisme, troubles du comportement, etc. ;
- *sociaux et professionnels :* violence, délinquance, erreurs, accidents, etc. ;

Burn-out syndrome

Ce concept à la mode depuis une vingtaine d'années, peut être défini de façon variée selon les divers auteurs. Freudenberger le conceptualise comme un « état de fatigue ou de frustration lié à l'engagement pour une cause, un type de vie ou une relation qui n'a pas apporté la gratification attendue ». Christina Maslach (1976, 1982) le caractérise ainsi : « épuisement émotionnel, dépersonnalisation, et accomplissement personnel réduit pouvant atteindre des individus dont le travail est centré sur d'autres personnes. » Enfin, pour Ayala Pines et Aronson (1988, 1993), il s'agit d'un « épuisement physique, émotionnel et mental causé par un engagement prolongé dans des situations émotionnellement exigentes ».

Il s'agit donc du résultat final d'un processus d'engagement chez des individus très motivés et très impliqués qui perdent la foi. Les sujets cyniques ou sceptiques initialement, sont moins exposés que ceux ayant un fort désir de se donner et sont quelque peu naïfs et idéalistes.

Le stress en tant que tel n'est pas la cause du burn-out. On peut s'épanouir dans des occupations difficiles et très exigeantes si l'on se sent utile et héroïque.

Ce problème a été étudié pour de nombreuses professions : médecins, infirmières, consultants, managers, officiers de police, enseignants, avocats, travailleurs sociaux, travailleurs en Santé Mentale, psychothérapeutes, etc.

Le « burn-out » est une expérience très douloureuse pour l'individu et très coûteuse pour la collectivité. Il comporte des symptômes physiques, émotionnels et des changements d'attitude. On lui a attribué de nombreux troubles dits « psychosomatiques » : fatigue chronique, dégradation physique, rhumes fréquents et prolongés, céphalées, troubles du sommeil, ulcères et troubles gastro-intestinaux, labilité pondérale, décompensation d'affections médicales telles que diabète, hypertension, asthme, etc., douleurs musculaires (en particulier lombalgies et nuchalgies), syndrome prémenstruel, accidents et blessures, surconsommation de caféine, de tabac, d'alcool, de médicaments, de drogues, etc. On peut observer aussi des sentiments dépressifs, d'échec, de désillusion, d'impuissance, de désespoir, et surtout la perte de la signification du travail. Ces personnes se sentent piégées, frustrées, en colère et redoutent de devenir folles.

On peut observer diverses attitudes : négativisme, cynisme vis-à-vis du travail, des clients, des collègues, des responsables. L'isolement vis-à-vis des autres augmente et tous ces troubles débordent sur la vie familiale et peuvent ruiner le couple. L'absentéisme, les retards, l'évitement du travail, l'augmentation des accidents, des performances médiocres sont le prix à payer par l'institution et les employeurs. On peut même observer des vols.

Mesure du « burn-out » : On peut citer deux instruments : le *Maslash Burn-out Inventory* (MBI, 1981) et le *Burn-out Measure* (BM, Pines et Aronson, 1988).

10 *Stress post-traumatique (PTSD) et troubles de l'adaptation (DSM-III-R)*

Le DSM-III et la CIM-10 introduisent une catégorie de troubles définis par les symptômes et l'évolution, mais aussi par un facteur étiologique tel qu'un événement particulièrement stressant entraînant une réaction aiguë à un facteur de stress ou un changement particulièrement marquant dans la vie du sujet, comportant des conséquences désagréables et durables et conduisant à un trouble de l'adaptation. Telle est la définition proposée par la CIM-10 de l'OMS pour la « Réaction à un facteur de stress important, et troubles de l'adaptation » (F43), comprenant la « Réaction aiguë à un facteur de stress » (F43.0), et « l'état de stress post-traumatique » (F43.1), ou « névrose traumatique ». Il est précisé que les séquelles chroniques et irréversibles d'un état de stress post-traumatique doivent être classées sous F62.0 (Modification durable de la personnalité après une expérience de catastrophe).

Dans le DSM-III, le stresseur est un événement qui dépasse l'expérience humaine habituelle et qui bouleverserait pratiquement tout le monde. Ce critère est plus vague dans la CIM-10 (« stresseur exceptionnel mental ou physique, bref ou prolongé »). Le problème reste le degré de sévérité du stress : si on l'élargit, on augmente les réactions type PTSD et les risques de procès, des individus se plaignant de PTSD après une perte d'emploi, un accident d'auto, une séparation, une rupture de contrat. Ces deux aspects ont été pris en compte dans le DSM-IV. Pour une de ces définitions « la personne a fait l'expérience ou a été témoin, ou a été confrontée à un ou des événements potentiellement mortels ou très préjudiciables, ou bien encore une menace à l'intégrité physique de soi ou d'une autre personne ».

Une seconde alternative implique l'aspect subjectif avec : « une réponse comportant peur intense, détresse, impuissance, ou horreur ».

Le PTSD demande maintenant la persistance des symptômes pendant au moins un mois, excluant ainsi les réactions traumatiques aiguës. Il est envisagé cependant de supprimer ce critère de un mois et de diviser le PTSD en deux formes : aiguë et chronique, cette dernière correspondant à une durée supérieure à trois mois.

Dans la population générale, la prévalence sur la vie pour le PTSD serait de 1 %. Les américains estiment la fréquence beaucoup plus élevée chez les anciens combattants avec un chiffre de 15 % pour les vétérans du Viet-nam, et même 30 % de prévalence sur la vie.

Les stresseurs traumatisants peuvent être variés : désastre naturel, crime violent, guerre, etc. Les psychiatres militaires ont particulièrement étudié les névroses de guerre ; pour la France, on pourra se référer aux ouvrages de L. Crocq *et al.* (1967-1992), de C. Barrois (1988), de Gallé-Tessenneau (1992) et au rapport de psychiatrie de Briole, Lebigot Lafont, Favre et Vallet (Toulouse, juin 1994). Ces auteurs insistent sur le flou et les insuffisances du concept de stress.

L'« état de stress post-traumatique » (DSM-III-R : 309.89) est classé dans le chapitre des troubles anxieux (ou états névrotiques anxieux et phobiques), entre les TOC (300.30) et l'anxiété généralisée (300.02) qui, comme on le sait, a été ainsi reléguée au dernier rang des troubles anxieux derrière le « trouble panique » qui occupe la place centrale…

11 *Le management du stress*

Il existe de multiples méthodes pour atténuer ou gérer le stress. On peut distinguer des techniques curatives et préventives. Elles vont de l'exercice physique au soutien social, en passant par les thérapies cognitives et comportementales. On mettra à part les chimiothérapies psychotropes, bien connues des médecins, et qui restent trop souvent une solution de facilité, en dehors de tableaux psychiatriques bien définis.

I
L'EXERCICE PHYSIQUE

Ses bénéfices peuvent être à la fois préventifs et curatifs. Son impact concerne à la fois le stress physiologique et la tension émotionnelle. Il est établi que des personnes pratiquant un exercice régulier et en bonne forme physique, ont un niveau d'anxiété significativement inférieur. Cela est encore plus net quand il s'agit d'exercice physique « vigoureux ». Il prévient les maladies cardiovasculaires. Pour Blair *et al.* (1989), cet effet préventif concernerait toutes les maladies. Roth et Holmes (1985) ont montré que les personnes en mauvaise forme physique sont plus sujettes à développer une maladie sous l'effet d'un stress. Kobasa *et al.* (1982) mettent en évidence que chez les cadres soumis à un stress, l'effet protecteur de l'exercice est distinct du trait de personnalité « hardiness » (endurance). Les personnes présentant ce trait de personnalité ont une moindre activation du système sympathique. Ces auteurs montrent que 3 caractéristiques diminuent substantiellement le risque de tomber malade : « hardiness » aurait l'effet antistress le plus fort, mais l'exercice et le support social jouent aussi un rôle très important.

II

LES TECHNIQUES COGNITIVES

On a précédemment montré que l'évaluation subjective de l'événement jouait un rôle déterminant dans les effets du stress. Aussi, la psychothérapie dite cognitive qui a pour but le changement des cognitions, semble judicieuse pour manager le stress. La restructuration cognitive est actuellement en plein essor ; elle vise à détecter les « pensées irrationnelles » qui donnent une importance démesurée à des épreuves mineures, augmentant ainsi les risques d'échec vécu comme une catastrophe.

La thérapie rationnelle-émotive de Ellis et la thérapie du type Beck sont les techniques les plus anciennes et les plus connues. On peut y ajouter « le stress-inoculation training » ou entraînement au stress (Meichenbaum, 1983).

III

LES TECHNIQUES DE RELAXATION

Les méthodes de Jacobson et de Schultz sont bien connues en France, en particulier dans l'approche développée par Sapir. Les américains citent aussi la méthode du cardiologue Benson (1974), simple et efficace : détente musculaire, yeux fermés pendant une vingtaine de minutes, avec répétition silencieuse du mot « one ». Bien qu'ayant une ambition beaucoup plus spirituelle, les techniques de méditation (la méditation transcendentale, le zazen, le yoga, etc.), généralement inspirées par la pensée orientale, sont utilisées en Occident comme une variante de la relaxation.

IV

LA DÉSENSIBILISATION SYSTÉMATIQUE

Cette méthode de réduction du stress est basée sur la théorie du conditionnement classique stimulus-réponse. Elle vise à supprimer les associations anxiogènes et les remplacer par un contre conditionnement. Le thérapeute fait revivre en imagination les situations redoutées tout en induisant une relaxation progressive. Un nombre limité de séances est souvent suffisant pour résoudre divers problèmes tels que la phobie des vols aériens, la peur du dentiste, de parler en public, de passer des examens, des transports publics, etc.

V

LE BIOFEEDBACK

Le principe en est simple : un signal produit par un appareil électromécanique, informe le sujet sur l'état de son corps et s'intègre dans un conditionnement opérant, conduisant, par exemple, à la détente musculaire ou au ralentissement du rythme cardiaque. Il a montré son efficacité dans divers troubles liés au stress, en particulier les céphalées de tension.

VI

APPRENTISSAGE D'UN COPING ADÉQUAT

Les méthodes les plus répandues pour lutter contre les tensions sont aussi les plus préjudiciables pour la santé : consommation d'alcool, tabagisme, surconsommation de tranquillisants et hypnotiques, boulimie, addiction chronique à la télévision, etc. La population pourrait être éduquée et apprendre des méthodes simples d'ajustement et de prévention du stress. R. Di Matteo (1991) propose des principes simples d'hygiène de vie présentées au tableau suivant.

Les voies du coping

1. Essayer de résoudre le problème
2. Réguler les réactions émotionnelles
3. Essayer de maintenir un sentiment de contrôle cognitif et comportemental
4. Aborder la tâche comme un challenge (défi)
5. Avoir un engagement fort pour ce que l'on fait
6. Avoir une vue d'ensemble et trouver un sens au monde
7. Demander et utiliser un support social
8. Faire de l'exercice régulièrement
9. Avoir une alimentation saine
10. Dormir suffisamment

VII

ORGANISATION SOCIALE

L'organisation sociale et la vie communautaire dépassent le cadre de cet ouvrage consacré essentiellement aux individus. Les responsables politiques, les décideurs, les cadres d'entreprise, sont amenés régulièrement à prendre des mesures destinées à diminuer le stress pour améliorer la santé publique, éviter les conflits majeurs et augmenter l'efficacité et la productivité. La rationalisation de l'urbanisme, l'organisation des transports individuels ou communautaires, la réduction des nuisances, du bruit en particulier, l'amélioration du cadre de vie, du logement, la politique de l'emploi et des revenus, l'aide à la famille font partie de la prévention du stress.

Conclusion

L'introduction du concept de « coping » a modifié la compréhension et l'étude des situations de stress. L'élaboration de ce concept a correspondu à l'introduction des processus cognitifs comme par exemple le « stress perçu » ou le « contrôle perçu », dans les travaux de recherche, ce qui a permis de renoncer à l'illusion d'une évaluation objective du stress. Actuellement, le stress n'est plus considéré comme un événement objectivement menaçant ou une réaction émotionnelle linéairement dépendante de la gravité du stimulus, mais comme une transaction entre l'individu et l'environnement. En effet, l'accent est mis sur la perception que l'individu a de l'événement et la diversité des moyens dont il dispose pour faire face à la menace.

Il semble qu'on ne puisse comprendre les réactions des individus face à certains événements et certaines situations, qu'en se référant à des processus dynamiques et complexes d'autorégulation (affective, cognitive, comportementale, biologique, végétative et immunologique). Ainsi, selon Steptoe (1991), le modèle pertinent pour tenter cette compréhension des réactions au stress doit nécessairement être *pluridisciplinaire* réalisant l'intégration des acquis, tant au niveau *physiologique* (identification des structures et voies nerveuses impliquées et des régulations endocriniennes), et *psychologique* (description cognitive et affective de la réaction et identification des variables de personnalité influentes), que *social* (identification autant des éléments potentiellement stressants de l'environnement que du rôle protecteur des contacts sociaux et de l'entourage intime). L'intégration de ces disciplines est l'objectif de la psychologie de la santé. A ces concepts nouveaux correspondent des instruments de recherche permettant des études quantitatives méthodologiquement valables avec constitution et comparaison d'échantillons relativement homogènes d'individus. Dans un cadre clinique, un tel modèle peut permettre de démontrer les effets bénéfiques d'une réaction psychologique efficace dans la prévention des maladies, leur stabilisation ou même leur guérison. Ce qui pourrait permettre de proposer des moyens (spécifiques à certaines maladies mais aussi à certains types de malades) pour contrôler les souffrances physiques et psychiques des patients.

ANNEXES

I

ÉCHELLE D'ÉVALUATION DU RÉAJUSTEMENT SOCIAL

(SRRS de Holmes et Rahe, 1967)

Rang	Evénements de vie	Valeur
1	Mort du conjoint	100
2	Divorce	73
3	Séparation conjugale	65
4	Période de prison	63
5	Décès d'un parent proche	63
6	Blessure personnelle ou maladie	53
7	Mariage	50
8	Licenciement	47
9	Réconciliation conjugale	45
10	Mise à la retraite	45
11	Changement dans la santé d'un membre de la famille	44
12	Grossesse	40
13	Difficultés sexuelles	39
14	Arrivée d'un nouveau membre dans la famille	39
15	Réadaptation professionnelle	39
16	Modification de la situation financière	38
17	Mort d'un ami proche	37
18	Changement de fonction professionnelle	36
19	Modification du nombre de scènes de ménage	35
20	Hypothèque de plus de 50 000 F	31
21	Saisie d'un bien hypothéqué ou soumis à un emprunt	30

22	Changement de responsabilité dans le travail	29
23	Un fils, une fille quitte le foyer	29
24	Difficultés avec ses beaux-parents	29
25	Succès personnel exceptionnel	28
26	Epouse commençant ou cessant de travailler	26
27	Commencer ou terminer ses études	26
28	Changement de condition de vie	25
29	Changement d'habitudes personnelles	24
30	Difficultés avec son patron	23
31	Changement d'horaires ou de conditions de travail	20
32	Changement de résidence	20
33	Changement d'école	20
34	Changement dans les loisirs	19
35	Changement dans les activités religieuses	19
36	Changement dans les activités sociales	18
37	Hypothèque ou prêt de moins de 50 000 F	17
38	Changement dans les habitudes de sommeil	16
39	Changement du nombre de réunions de famille	15
40	Changement dans les habitudes alimentaires	15
41	Vacances	13
42	Noël	12
43	Infractions mineures à la loi	11

II

ÉCHELLES DE SÉVÉRITÉ DES FACTEURS DE STRESS PSYCHOSOCIAUX : ADULTES

DSM-III-R (1987 - Axe IV)

Code	Terme	Exemples de facteurs de stress	
		Evénements aigus	*Circonstances durables*
1	Aucun	Absence d'événement aigu susceptible d'être en rapport avec le trouble	Absence de circonstance durable susceptible d'être en rapport avec le trouble
2	Léger	Rupture sentimentale, début ou fin de la scolarité, départ	Conflits familiaux, insatisfaction professionnelle, habitat dans un

		d'un enfant du foyer	environnement de grande délinquance
3	Moyen	Mariage, séparation, perte d'emploi, retraite, fausse-couche	Conflit conjugal, problèmes financiers importants, difficultés avec un supérieur, parent célibataire
4	Sévère	Divorce, naissance d'un premier enfant	Chômage, pauvreté
5	Extrême	Mort du conjoint, diagnostic d'une maladie physique grave, victime d'un viol	Maladie chronique grave personnelle ou chez un enfant, traumatismes sexuels ou physiques répétés
6	Catastrophique	Mort d'un enfant, suicide du conjoint, catastrophe naturelle	Situation d'otage, expérience de camp de concentration
0	Information inutilisable ou sans changement		

Échelles de sévérité des facteurs de stress psychosociaux : *enfants et adolescents*

Code	Terme	Exemples de facteurs de stress	
		Evénements aigus	*Circonstances durables*
1	Aucun	Absence d'événement aigu susceptible d'être en rapport avec le trouble	Absence de circonstance durable susceptible d'être en rapport avec le trouble
2	Léger	Rupture sentimentale, changement d'école	Vie dans un quartier surpeuplé, conflits familiaux
3	Moyen	Renvoi de l'école, naissance d'un frère ou d'une sœur	Maladie chronique invalidante d'un parent, mésentente conjugale chronique

4	Sévère	Divorce des parents, grossesse non désirée, arrestation	Parents durs ou rejetants, maladie chronique engageant le pronostic vital chez un parent, placements nourriciers multiples
5	Extrême	Traumatisme sexuel ou physique, mort d'un parent	Traumatisme sexuel ou physique répété
6	Catastrophique	Décès des deux parents	Maladie chronique engageant le pronostic vital
0	Information inutilisable ou sans changement		

III

ÉCHELLE DE STRESS PERÇU
(Perceived Stress Scale, Cohen et Williamson, 1983)

Consignes :

Diverses questions vont vous être posées ci-après. Elle concernent vos sensations et pensées pendant le mois qui vient de s'écouler. A chaque fois, nous vous demandons d'indiquer comment vous vous êtes senti(e) le mois dernier.

Bien que certaines questions soient proches, il y a des différences entre elles, et chacune doit être considérée comme une question indépendante des autres. La meilleure façon de procéder est de répondre assez rapidement. N'essayez pas de compter le nombre de fois où vous vous êtes senti(e) de telle ou telle façon, mais *indiquez plutôt la réponse qui vous paraît la plus proche de la réalité parmi les 5 choix proposés* :

1 : Jamais
2 : Presque jamais (rarement)
3 : Parfois
4 : Assez souvent
5 : Très souvent

Mettre une croix dans la case correspondant à votre réponse.

Au cours du dernier mois, combien de fois...	1	2	3	4	5
1 ...avez-vous été dérangé(e) par un événement inattendu ?					
2 ...vous a-t-il semblé difficile de contrôler les choses importantes de votre vie ?					
3 ...vous êtes-vous senti(e) nerveux (nerveuse) et stressé(e) ?					
4 ...avez-vous affronté avec succès les petits problèmes et ennuis quotidiens ?					
5 ...Avez-vous senti que vous faisiez face efficacement aux changements importants qui survenaient dans votre vie ?					
6 ...vous êtes-vous senti(e) confiant(e) dans vos capacités à prendre en main vos problèmes personnels ?					
7 ...avez-vous senti que les choses allaient comme vous le vouliez ?					
8 ...avez-vous pensé que vous ne pouviez pas assumer toutes les choses que vous deviez faire?					
9 ...avez-vous été capable de maîtriser votre énervement ?					
10 ...avez-vous senti que vous dominiez la situation ?					
11 ...vous êtes-vous senti(e) irrité(e) parce que les événements échappaient à votre contrôle ?					
12 ...vous êtes-vous surpris(e) à penser à des choses que vous deviez mener à bien ?					
13 ...avez-vous été capable de contrôler la façon dont vous passiez votre temps ?					
14 ...avez-vous trouvé que les difficultés s'accumulaient à un tel point que vous ne pouviez les contrôler ?					

Nota : les items 4, 5, 6, 7, 9, 10 et 13 sont notés en sens inverse.

IV

QUESTIONNAIRE DE COPING (Paulhan *et al.*, 1994)
(« The Ways of Coping Checklist », Vitaliano *et al.*, 1985).

Instructions :

1. Décrivez une situation stressante que vous avez connue durant les derniers mois (situation qui vous a particulièrement interpellé ou troublé).
2. Précisez l'intensité de malaise, de stress qu'a suscité chez vous cette situation : Bas (1), Moyen (2), Fort (3).
3. Indiquez pour chacune des stratégies suivantes, si oui ou non vous l'avez utilisée pour faire face à votre problème. Pour cela, il vous suffit de cocher la case adéquate dans le tableau figurant à droite de la feuille (score de 1 à 4, sauf pour l'item 15, côté de 4 à 1).

	Non	Plutôt non	Plutôt oui	Oui
1. J'ai établi un plan d'action et je l'ai suivi				
2. J'ai souhaité être plus fort, plus optimiste et décisif				
3. J'ai parlé à quelqu'un de ce que je ressentais				
4. Je me suis battu pour ce que je voulais				
5. J'ai changé positivement				
6. J'ai pris les choses une par une				
7. J'ai souhaité pouvoir changer ce qui est arrivé				
8. Je me suis senti mal de ne pouvoir éviter le problème				
9. Je me suis concentré sur un aspect positif qui pourrait apparaître après				
10. J'ai discuté avec quelqu'un pour en savoir plus au sujet de la situation				
11. J'ai espéré qu'un miracle se produise				
12. Je suis sorti plus fort de la situation				

	Non	Plutôt non	Plutôt oui	Oui
13. J'ai changé les choses pour que tout puisse bien finir				
14. Je me suis culpabilisé(e)				
15. J'ai contenu (gardé pour moi) mes émotions				
16. J'ai négocié pour obtenir quelque chose de positif de la situation				
17. J'ai rêvé ou imaginé un endroit ou un temps meilleur que celui où j'étais				
18. J'ai essayé de ne pas agir de manière précipitée ou de suivre la première idée				
19. J'ai refusé de croire que ça s'était réellement passé				
20. J'ai pris conscience que j'avais moi-même créé le problème				
21. J'ai essayé de ne pas m'isoler				
22. J'ai pensé à des choses irréelles ou fantastiques pour me sentir mieux				
23. J'ai accepté la sympathie et la compréhension de quelqu'un				
24. J'ai trouvé une ou deux solutions au problème				
25. J'ai essayé de tout oublier				
26. J'ai souhaité pouvoir changer d'attitude				
27. Je savais ce qu'il fallait faire, aussi j'ai redoublé d'efforts et j'ai fait tout mon possible pour y arriver				
28. J'ai modifié quelque chose en moi afin de mieux supporter la situation				
29. Je me suis critiqué (e) ou surmonté (e)				

BIBLIOGRAPHIE

Affleck G., Allen D., Tennen H., Mac Grade B.J. et Ratzan S. (1985), Causal and control cognitions in parent coping with a chronically ill child, *Journal of Social and Clinical Psychology*, 3, 369-379.

Amiel-Lebigre F. (1988), Quantification de l'impact événementiel : approche du réel ou chimère, *Psychologie médicale*, 20, 1715-1717.

Barrett J. E., Rose R. M., Klerman G. L. (1979), *Stress and Mental Disorders*, 1 vol., New York, Raven Press.

Barrois C. (1988), *Les névroses traumatiques*, Paris, Dunod.

Bauman M., Briançon S. et Blanchard F. (1988), Support social. Du concept à la pratique. *Cahiers du Centre de Recherches sociologiques*, 9, 216-234.

Bourgeois M. (1989), La médecine dite psychosomatique et ses mythes, *Annales médico-psychologiques*, 47, 311-317.

Bourgeois M. et Verdoux H. (1994), *Le deuil. Clinique et pathologie.* Encyclopédie médico-chirurgicale, Paris, Psychiatrie.

Brewin C.R. et Shapiro D.A. (1984), Beyond Locus of control : attribution for responsability for positive or negative outcomes, *British Journal of Psychology*, 75, 43-49.

Briolle G., Lebigot Fr., Lafont B., Favre J. D., Vallet D. (1994), *Le traumatisme psychique. Rencontre et devenir*, Congrès de psychiatrie et de neurologie de Langue française (Toulouse 13-17 juin 1994), 1 vol., Paris, Masson.

Bruchon-Schweitzer M. et Paulhan I, *Inventaire d'anxiété état-trait (Forme Y)*, Paris, édition du CPA.

Bruchon-Schweitzer M. (1994), La psychologie de la santé, *in* M. Bruchon-Schweitzer et R. Dantzer R. (Eds), *Introduction à la psychologie de la santé*, Paris, PUF.

Bury J.A. (1967), Aspects psychologiques de l'hospitalisation en médecine somatique, *Médecine et hygiène*, 34, 1331-1333.

Chrousos G.P. et Gold P.W. (1992), The Concepts of Stress and Stress System Disorders. Overview of Physical and Behavioral Homeostasis, *Jama*, 4 mars 1992, *267* (9) : 1244-1254.

Cohen F. et Lazarus R.S. (1973), Active coping processes, coping dispositions and recovery from surgery. *Psychosomatic Medicine*, 35, 375-389.

Cohen F. et Lazarus R.S. (1979), Coping with the stresses of illness, *in* G.C. Stone, F. Cohen, N.E. Adler, *Health Psychology : a handbook*, San-Francisco, Jossey-Bass.
Cohen S., Kamarch T. et Mermelstein R. (1983), A global measure of perceived stress, *Journal of Health and Social Behavior*, 24, 385-396.
Cohen S. (1986), Contrasting the hassles scale and the perceived stress scale. Who's really measuring appraised stress ?, *American Psychologist*, 41, 717-718.
Cohen S. et Williamson G.M. (1988), Perceived stress in a probability sample of the United States, *in* S. Spacapan and S. Oskamp (Eds.), *The Social Psychology of Health*, chap. 3, 31-68, London, Sage.
Cohen S. et Edwards J.R. (1989), Personality characteristics as moderators of the relationship between stress and disorder, *in* R. W. J. Neufeld (Ed.), *Advances in the investigation of psychological stress*, 235-28, New York, Wiley.
Contrada R.J., Leventhal H. et O'Leary A. (1990), Personality and Health, *in* L.A. Pervin, *Handbook of Personality*, chap. 24, 638-669, London, Guilford Press.
Dantchev N. (1989), Stratégies de « coping et pattern A » coronarogène, *Revue de médecine psychosomatique*, 17/18, 21-30.
Dantzer R. (1988), *Les émotions*, Que sais-je ?, n° 2380, Paris, PUF.
Dantzer R. (1989a), *L'illusion psychosomatique*, 1 vol., Paris, Odile Jacob.
Dantzer R. (1989b), *Adaptation à l'environnement : Psychologie de la réaction au stress*, col. Scientifique, Stablon 1.
Dantzer R. et Goodall G., Psychobiologie du stress (1994), *in* M. Bruchon-Schweitzer et R. Dantzer (Eds), *Introduction à la psychologie de la santé*, Paris, PUF.
De Araujo G., Van Arsdel P.P., Holmes T.H. et Dudley D.L. (1973), Life change, coping ability and chronic asthma, *Journal of Psychosomatic Research*, 17, 359-363.
Di Matteo M.R. (1991), *Psychology of health, illness and medical care*, Brooks/Cole Publishing Company, Wadsworth, Inc.
Dohrenwend B.S., Krasnoff L., Askenasy A.R. et Dohrenwend B.P. (1978), Exemplification of a method for scaling life events : the PERI life event scale, *Journal of Health and Social Behavior*, 19, 205-229.
Dubois N. (1984), Une échelle française de « Locus of Control », *Revue de psychologie appliquée*, 54, 216-233.
Fisher S., Reason J. (1988), *Handbook of Life Stress, Cognition, and Health*, 1 vol., Chichester, John Wiley & Son.
Folkman S. (1984), Personal control and stress and coping processes, *Journal of Personality and Social Psychology*, 46, 839-852.
Folkman S., Lazarus R.S., Gruen R.J. et Delongis A. (1986), Appraisal, coping, health status and psychological symptoms, *Journal of Personality and Social Psychology*, 3, 571-579.

Folkman S. et Lazarus R.S. (1988), The relationship between coping and emotion, *Social and Scientific Medicine*, 26, 309-317.
Fox B.H. (1988), Psychogenic factors in cancer, especially its incidence, *in* S. Maes et C.D. Spielberger (Eds) (p. 37-55), *Topics in health psychology*, New York, John Wiley and Sons.
Friedman M. et Rosenman R.H. (1974), *Type A behavior and your heart*, New York, Alfred A. Knopf.
Goldberger L., Breznitz S. (1993), *Handbook of Stress*, 2nd Edition, New York, Free Press.
Goodall G. (1994), Vers un modèle biopsychosocial de la maladie, *in* M. Bruchon-Schweitzer et R. Dantzer (Eds), *Introduction à la Psychologie de la Santé*, Paris, PUF.
Greer S., Morris T. et Pettingale K.W. (1979), Psychological response to breast cancer : effect on outcome. *The Lancet*, 13, 785-787.
Gunn-Sechehaye A. (1986), *Manuel de Psychologie médicale propédeutique*. Médecine et Hygiène (Genève).
Hall J.A. et Dornan M.C. (1990), Patient sociodemographic characteritcs as predictors of satisfaction with medical care : a meta-analysis. *Social Siences and Medicine*, 30, 811-818.
Holmes T.H. et Rahe R.H. (1967), The social readjustment rating scale. *Journal of Psychosomatic Research*, 11, 213-218.
Janis I.L. (1958), *Psychological stress : Psychoanalytic and behavioral studies of surgical patients*, New York, John Wiley.
Janoff-Bulman R. et Wortman C.B. (1977), Attributions of blame and coping in the « Real World » : Severe accident victims react to their lot. *Journal of Personality and Social Psychology*, 35, 351-363.
Janoff-Bulman R. (1979), Characterological versus behavioral self-blame : inquieries into depression and rape, *Journal of Personality and Social Psychology*, 37, 1798-1809.
Jenkins C.D., Hurst M.W., Rose R.M. (1979), Life changes : Do people really remember ?, *Archives of General Psychiatry*, 36, 379-384.
Johnson J.H., et Sarason I.G. (1978), Life stress, depression and anxiety : Internal-external control as a moderator varianble, *Journal of Psychosomatic Research*, 22, 205-208.
Johnston M. (1988), *Impending surgery*, *in* S. Fisher and J. Reason, *Handbook of life stress, cognition and health*, 79-100, New York, John Wiley and Sons.
Kobasa S.C., Maddi S.R. et Kahn S. (1982), Hardiness and health : a prospective study. *Journal of Personality and Social Psychology*, 42, 168-177.
Knussen Ch. et Cunningham, C.C. (1988), Stress, disability and handicap, *in* S. Fisher et J. Reason (Eds), *Handbook of Life Stress : Cognition and Health*, chap. 18, 335-350, New York, John Wiley and Sons, Ltd.
Laborit H. (1979), *L'inhibition de l'action*, Paris, Masson.

Laxenaire M., Bentz M.L. et Chardot C. (1972), Abord psychologique du malade cancéreux, *Annales médico-psychologiques*, 2,195-208.
Lazarus R. (1966), *Psychological stress and the coping process*, New York, McGraw-Hill.
Lazarus R. et Launier R. (1978), Stress-related transactions between person and environment, *in* L.A. Pervin et M. Lewis, *Perspectives in interactional Psychology*, 287-327, New York, Plenum.
Lazarus R.S. et Folkman S. (1984), *Stress, appraisal and coping*, New York, Springer.
Lazarus R.S. (1991), *Emotion and adaptation*, New York, Oxford University Press.
Lefcourt H.M., Martin R.A. et Saleh W.E. (1984), Locus of control and social support : interactive moderators of stress, *Journal of Personality and Social Psychology*, 47, 378-389.
Lindsay et Norman (1980), Stress et émotion, in *Comportements humains et traitements de l'information*, Sciences de la Vie, Paris, Raget.
Loo P., Loo H. (1986), Le Stress Permanent, 1 vol., Paris, Masson.
Martin R.A. (1989), Techniques for Data Acquisition and analysis in Field Investigations of Stress, *in* R.W.J. Nevfeld, *Advances in the investigation of Psychological Stress*, 195-233, New York, John Wiley and Sons.
Martinez R. (1988), *Les événements vitaux en psychiatrie*, Mémoire du DES de psychiatrie, Université de Bordeaux II.
Martinez-Urrutia A. (1975), Anxiety and pain in surgical patients, *Journal of Consulting and Clinical Psychology*, 43, 437-442.
Marty P. (1976), *Les mouvements individuels de vie et de mort*, Petite Bibliothèque, Paris, Payot.
Metalsky G.I., Halberstadt L.J. et Abramson L.Y.(1987), Vulnerability to depressive mood reactions : stress and causal mediator components of the reformulated theory of depression, *Journal of Personality and Social Psychology*, 52, 386-393.
Mikulincer M. et Solomon Z. (1989), Causal attribution, coping strategies and combat-related post-traumatic stress disorders, *European Journal of Personality*, 3, 269-284.
Miller S.M., Combs C. et Stoddard E. (1989), Information, coping and control in patients undergoing surgery and stressful medical procedures, *in* A.Steptoe, A. Appels, *Stress, Personal control and Health*, chap 6, 107-130, New York, John Wiley.
Nelson D.W. et Cohen L.H. (1983), Locus of control and control perceptions and the relationship between life stress and psychological disorder, *American Journal of Community Psychology*, 11, 705-722.
Nuckolls K.B., Cassel J.C. et Kaplan B.H. (1972), Psychosocial assets, life crisis and the progress of pregnancy, *American Journal of Epidemiology*, 95, 4-31.
Oleron P.et Soubitez M. C. (1982), Influence des variables âge, sexe, argent

et connotation sur l'évaluation du « Locus of control » pour enfants d'âge scolaire, *Revue de psychologie appliquée, 32*, 91-104.

Parkes K.R. (1984), Locus of control, cognitive appraisal and coping in stressful episodes, *Journal of Personality and Social Psychology*, 42, 655-668.

Paulhan I. (1992), Le concept de coping, *L'Année psychologique*, 92, 545-557.

Paulhan I. (1992), *Facteurs d'ajustement au stress d'une brûlure grave : une étude en psychologie de la santé*, Thèse pour le doctorat en psychologie, Université de Bordeaux II.

Paulhan I., Verdoux H. Bourgeois M. et Bruchon-Schweitzer M. (1994), Les styles de vie à risques : type A, type C, *Annales médico-psychologiques*, 152, 33-37.

Paulhan I. (1994), Les stratégies d'ajustement ou coping, *in* M. Bruchon-Schweitzer et R. Dantzer (Eds), *Introduction à la psychologie de la santé*, Paris, PUF.

Paulhan I., Nuissier J., Quintard B., Cousson F. et Bourgeois M. (1994), La mesure du « coping », Traduction et validation de la version française de l'échelle de Vitaliano, *Annales médico-psychologiques, 152* (5) : 292-299.

Paulhan I., Quintard B. (1994), La psychologie de la santé, *Annales médico-psychologiques*, n° 10.

Paulhan I., Bruchon-Schweitzer M. L., Bourgeois M. (1995), Les méthodes d'évaluation de l'anxiété, *Confrontations psychiatriques*, (n° spécial : Anxiété).

Paulhan I., Bourgeois M. (1995), Le questionnaire de deuil TRIG, Traduction française et validation, *L'Encéphale* (sous presse).

Paulhan I., Bourgeois M. (1995), L'expérience du deuil. Données pour 154 jeunes adultes de la population générale, *L'Encéphale* (sous presse).

Pélicier Y. (1987), Remarques sur Buffalo Creek, *Annales médico-psychologiques*, 271-274.

Peterson C. et Seligman M.E.P. (1987), Explanatory style and illness, *Journal of Personality*, 55, 237-265.

Quintard, B. (1994), Du stress objectif au stress perçu, *in* M. Bruchon-Schweitzer et R. Dantzer (Eds), *Introduction à la psychologie de la santé*, Paris, PUF.

Ray C., Lindop J. et Gibson S. (1982), The concept of coping, *Psychological Medecine*, 12, 385-395.

Revenson T. A. (1981), Coping with loneliness : the impact of causal attribution, *Personality and Social Psychological Bulletin*, 7, 565-571.

Revidi P.(1986), Facteurs d'agression et mécanismes de défense du moi dans les maladies somatiques graves, *Annales psychiatriques*, 1,87-98.

Rivolier, J. (1989), *L'homme stressé*, Paris, PUF.

Rodin J. et Salovey P. (1989), Health Psychology, *Annual Review of Psychology*, 40, 533-579.

Rotter J.B. (1966), Generalized expectancies for internal versus external control of reinforcement, *Psychological Monographs : General and Applied*, 80.

Sandler I.N. et Lakey B. (1982), Locus of control as a stress moderator : the role of control perceptions and social support, *American Journal of Community Psychology*, 10, 65-80.

Sarason I.G., Levine H.M., Basham R.B. et Sarason B.R. (1983), Assessing social support : the social support questionnaire, *Journal of Personality and Social Psychology*, 44, 127-139.

Sarason I.G. et Sarason B.R. (1984), *Social support as a stable trait. Unpublished manuscrit*, University of Washington, Seattle.

Schmidt L.R. (1988), Coping with surgical stress : some results and some problems, *in* S. Maes et C.D. SPielberger, *Topics in Health Psychology*. chap 14, 219-227, New York, John Wiley.

Schönpflug W. et Battmann W. (1988), The costs and benefits of coping, *in* S. Fisher et J. Reason, *Handbook of life stress, cognition and health*, New York, John Wiley.

Schroeder D.H. et Costa D.T (1984), Influence of life event stress on physical illness : substantive effects of methodological flaws ?, *Journal of Personality and Social Psychology*, 46, 853-863.

Scott L.E., Clum G.A. et Peoples J.B. (1983), Preoperative predictors of postoperative pain, *Pain*, 15, 283-293.

Selye H. (1956), *Le stress de la vie*, Paris, Gallimard.

Sime A.M. (1976), Relationship of preoperative fear, type of coping and information received about surgery to recovery from surgery, *Journal of Personality and Social Psychology*, 34, 716-724.

Solomon Z., Mikulincer M. et Avitzur E. (1988), Coping, locus of control, social support and combat-related post-traumatic stress disorder : a prospective study, *Journal of Personality and Social Psychology*, 55, 279-285.

Spacapan S. et Oskamp S. (1988), *The social psychology of health*, London, Sage Publications.

Spielberger C.D., Auerbach S., Wadsworth M., Dunn M. et Taulbee E. (1973), Emotional reactions to surgery, *Journal of Consulting and Clinical Psychology*, 40, 33-38.

Spielberger C.D., Gorsuch R.L., Luschene R., Vagg P.R. et Jacobs G.A. (1983), *Manual for the State-Trait-Anxiety Inventory* (S.T.A.I.), *forme Y_2*, Consulting Psychologists Press Inc. (Palo Alto, CA).

Steptoe A. (1991), *Adaptation à l'environnement : Psychologie de la réaction au Stress*, col. Scientifiques Stablon 4.

Steptoe A., Ruddel H. et Neus H. (1985), *Clinical and methodological issues in cardiovascular psychophysiology*, Springer Verlag (Berlin).

Suls J. et Fletcher B. (1985), The relative efficacity of avoidant and non-avoidant coping strategies, *Health Psychology*, 4, 249-288.

Schweitzer M. L., Dantzer R.. *et al.* (1994), *Psychologie de la santé*, 1 vol., Paris, PUF.

Syme S.L. (1989), Control and health : a personal perspective, *in* A.Steptoe, A. Appels, *Stress, personal control and health*, chap 1, 3-18, New York, John Wiley.

Temoshok L. (1987), Personality, coping style, emotion and cancer : toward an integrative model, *Cancer Surveys*, 6, 545-567.

Thoits P.A. (1983), Multiple identities and psychological well-being : a reformulation and test of the social isolation hypothesis, *American Sociological Review*, 48, 174-187.

Turner R.J. et Noh S. (1983), Class and Psychological vulnerability among women : the signifiance of social support and personal control, *Journal of Health and Social Behavior*, 24, 2-15.

Uhlenhuth E.H., Haberman S.J., Balter M.D. and Lipman R.S.(1977), Remembering life events, *in* J.S. Strauss, H.M. Babigan, M. Ruff, *Theory and course of psychopathology*, New York, Plenum.

Vaillant G.E. (1977), *Adaptation to life*. Little, Boston, Brown.

Vaillant G.E. (1992), *Ego mechanisms of defense*, Washington, American Psychiatric Press .

Van der Ploeg H.M (1988), Stressful medical events : a survey of patient perceptions, *in* S. Maes et C.D. Spielberger, *Topics in Health Psychology*. chap 12, 173-193, New York, John Wiley.

Vincent J. D., 1986. *Biologie des passions*, 1 vol., Paris, Odile Jacob.

Viney L.L. et Westbrook M.T. (1982), Coping with chronic illness : the mediating role of biographic and illness-related factors, *Journal of Psychosomatic Research*, 26, 595-605.

Vitaliano, P.P., Russo, J., Carr, J.E., Maiuro, R.D., et Becker, J. (1985), The ways of coping check-list : revision and psychometric properties, *Multivariate Behavioral Research*, 20, 3-26.

Volicer B.J. et Bohannon M.W. (1975), A hospital stress rating scale, *Nursing Research*, 24, 352-359.

Weiner H., Florin I., Murison R., Helhammer D. (1989), *Frontiers of Stress Research*, 1 vol., Toronto, Hans Hubber.

Cet ouvrage a été reproduit par IGS-CP
à L'Isle-d'Espagnac (16)

Achevé d'imprimer en avril 2015
sur les presses numériques de l'Imprimerie Maury S.A.S.
Z.I. des Ondes - 12100 Millau
N° d'impression : C15/52132S

Imprimé en France